Anita Horn
Happy Trips
Reisen, die glücklich machen

Anita Horn

Happy Trips

Reisen, die glücklich machen

books&friends

1 Natur pur: die Kraft der Elemente spüren

Die Weite der Wüste, die Kraft des Wassers und die Hitze von Lava. Die Erde ist weit und der Mensch zu Gast. Wunderbar, hier sein zu dürfen. Alles relativiert sich. Der Alltag bleibt zu Hause. Und fühlt sich plötzlich ganz weit weg an.

2 Begegnungen mit Tieren

Jeder, der schon einmal mit Delfinen geschwommen ist, weiß wie glücklich das macht. Aber wer kennt schon die Golfplätze, auf denen Lamas den Caddy ersetzen? Oder die schwimmenden Schweine der Bahamas? Sie bringen einfach jeden Betrachter zum Lächeln.

3 Ja, Bewegung macht glücklich. Sport, auch für Unsportliche

Sich auspowern, mal richtig Dampf ablassen. Frische Luft atmen und den eigenen Körper spüren. Ja, das sind Muskeln, die da arbeiten. Erstaunlich, was diese Füße alles tragen. Schnell oder langsam, ganz egal. Bewegung, das ist die innere Haltung zum Leben.

4 Die Welt ist ein Fest! Kultur live

Festivals, Traditionen, Kultur, die entspannt: Ich lerne Tango tanzen in Argentinien, Hula auf Hawaii und feuere Sumo-Ringer in Japan an. Vielleicht heirate ich zwischendurch unter Wasser. Danach ernte ich Pfeffer, wo er wächst. Indisch kochen inklusive.

5 Wissenschaft & Technik

Mit fünf wollte ich Baggerfahrer werden, mit acht Pilot und mit zwölf Astronaut. Was ist bloß dazwischen gekommen? Und warum finden immer nur die anderen Gold im Sand? Ich probiere einfach mal ein anderes Leben. Nur für einen Tag, ganz ohne Risiko. Rückfahrkarte inklusive.

6 Grenzen überschreiten: Abenteuer & Action

Jetzt geht's ans Eingemachte. Was hier kommt, ist nicht für Angsthasen. Sondern Adrenalin pur, für Mutige, für Sportler, für Freaks. Für alle, die ihre eigene Grenze testen wollen. Und danach unfassbar stolz auf sich sein können.

Reisen macht glücklich!

Reisen heißt für mich leben und erleben. Die Welt ist voll von unendlich vielen spannenden und erlebenswerten Orten. Warmen Sand unter den Füßen spüren, seltene Tiere beobachten, eine fremde Kultur kennen lernen, das eigene Leben mal aus anderer Perspektive betrachten, ganz egal, ob man dafür in ein fernes Land reist, auf einen Turm in der Nachbarstadt klettert oder sich in die Zeit seiner eigenen Kindheit zurückdenkt: Nur zu oft sind es besondere Reiseerlebnisse, von denen man dann sein Leben lang erzählt. Die Ziele, die ich in diesem Buch vorstelle, dienen als Anregung für kleinere oder größere Glücksmomente.

Reisen heißt für mich aber nicht nur Erleben, Glück erfahren, Spaß und Abenteuer, sondern auch Verantwortung. Autofahren und Fliegen belasten die Umwelt. Dabei ist es ganz leicht, seine Fußabdrücke klein zu halten und zum Beispiel im Flugzeug nur einen Becher zu benutzen, statt für jedes Getränk einen neuen. Statt unnötige Wege mit dem Auto zu fahren, kann man sicher auch öfter Bus und Metro fahren – so lernt man nicht nur den Alltag der Einheimischen, sondern vielleicht auch noch nette Menschen kennen. Auch die Empfehlungen von Natur- und Tierschutzbehörden sollten eingehalten werden – damit wir und auch alle nach uns noch viel Schönes erleben können.

Ich möchte allen befreundeten Sportlern, Fotografen, Reisenden und allen Bekannten in meinen Wahlländern, die sich gekümmert und eingesetzt haben, aufrichtig danken: Vera und Henning aus Deutschland, Katja und Ranjit aus Indien, Grover aus Bolivien, Herbert aus Kanada, um hier nur einige aufzuzählen. Ein dickes Lob geht auch an alle, die mich in und rund um Köln unterstützt und motiviert haben: meine engsten Freunde, meine Eltern und natürlich auch Simone und das Team meines Verlags books&friends, die mir alle die Chance gegeben haben, meine Lieblingsorte in einem Reiseführer festzuhalten.

Um stets die aktuellsten Informationen zu haben, stehe ich in Kontakt mit vielen örtlichen Veranstaltern, Einwohnern, mit Ministerien und Botschaften, nationalen oder internationalen Tourismusbüros und zahlreichen Reisenden. Da sich politische und medizinische Situationen häufig ändern, ist jedoch jeder Reisende selbst dazu angehalten, die aktuelle Lage zu beachten und sich vor einer Reise eingehend zu informieren.

1 Natur pur: die Kraft der Elemente spüren

1 Schlafen unterm Sternenhimmel

Im Hotel übernachten kann jeder. Wer die grüne Alternative zum Bett sucht, wird oft von den Gesetzgebern daran gehindert, denn wildes Campen ist in Deutschland und fast allen angrenzenden Ländern verboten. Aber eine Nacht in der Natur zu verbringen, ist ein tolles Erlebnis: Blätter rascheln, Sterne funkeln, und die frische Luft sorgt für wunderbaren Schlaf. Dafür gibt es luftige Möglichkeiten, die von günstig bis luxuriös zu haben sind:
In der Pfalz, im Biosphärenreservat Naturpark Pfälzerwald, kann man zum Beispiel wandern und sich per GPS einen Schlafplatz zuweisen lassen. Per Koordinaten findet man seinen Platz und braucht nur noch sein Zelt aufzuschlagen, um die Nacht mitten in der Natur zu genießen. Zwischen der Burgruine Guttenberg im Süden und Kalmit im Norden gibt es seit 2009 bereits sieben solcher Plätze. 2013 sind drei weitere Plätze im Donnersberger und Lauterer Land hin-

zu gekommen, die alle von April bis Oktober genutzt werden können. Dort, wo sich Fuchs und Hase noch gute Nacht sagen, abseits der Wanderwege, aber unbedenklich für den Natur- und Umweltschutz, ohne Wasserkran und Kühlschrank, können Trekker hier die Natur aus nächster Nähe erleben.

Wer lieber hoch in den Wipfeln schlafen möchte, kann das in einem Baumbett wunderbar. Die Kulturinsel in Neißeaue in Sachsen nahe der polnischen Grenze bietet mehrere Schlafmöglichkeiten über dem Erdboden. Die Baumbetten stehen auf einer erhöhten Plattform, umzingelt von Laub und Lärchen, um den Sternenhimmel ungestört über sich blinken sehen zu können. Im Inselbaumhaus fühlt man sich wie in einer alten Burg, umgeben von Wasser und geschützt vor unerwünschten Eindringlingen. Für alle, die sich gerne einnisten möchten, wurde der Traumkokon gebaut, der wie eine leichte Raupenhülle in den Ästen hängt und Platz für zwei Erwachsene bietet. Außerdem gibt es noch ein Baumhotel mit Türen und Fenstern und sogar eine Schlafhöhle für größere Gruppen unter der Erde.

Im Erlebniswald Schönhagen steht eine Hotelanlage der natürlichen Art. Acht verschiedene Baumhäuser gibt es hier, mitten im Naturpark Solling-Vogler im Städtedreieck Göttingen, Northeim und Holzminden in Südniedersachsen. Zum Teil sind die Schlafplätze über Wendeltreppen und Hängebrücken erreichbar und nach einer erholsamen Nacht lässt sich die Umgebung erkunden, um der Natur noch ein Stück näher zu kommen. Der Wald wurde im Jahr 2000 als regionales Projekt für die Weltausstellung Expo gestaltet und bietet unter anderem Lehrpfade, Naturführungen, Erdhöhlen, einen Naturbadesee und einen Klimaturm, an dem Klimadaten rund um die Auswirkung des Treibhauseffektes auf die heimischen Wälder untersucht werden.

Wem das alles noch zuviel Stoff zwischen der eigenen Nase und dem Sternenhimmel ist, der kann im Baumbett ganz ohne Zelt schlafen. Im südbayrischen Pfronten, kurz vor der Grenze zu Österreich, steht der Himmel auf Erden: Im Waldseilgarten Höllschlucht schlafen Gäste auf einer hölzernen Plattform sieben Meter über dem Waldboden, gesichert durch einen Bauchgurt, gewiegt vom Abendwind in einem wahren Himmelbett ohne Wände und Dach. Noch spezieller sind die Portaledges – Schwebebetten, die nur mit Hilfe von Seilen bestiegen und verlassen werden können. Und wer noch eins drauf setzen möchte, kann in einem Biwak übernachten, einem Konstrukt aus Seilen und einer großen Matte, alles befestigt an einer Felswand im Gebirge.

REISEPLANUNG

Informationen zu den verschiedenen Wald-Schlafplätzen in Deutschland findet man auf folgenden Webseiten:
Waldseilgarten Höllschlucht Pfronten: www.waldseilgarten-hoellschlucht.de
Naturpark Pfälzerwald: www.trekking-pfalz.de
Kulturinsel Neißeaue Sachsen: www.kulturinsel.com
Naturpark Solling-Vogler: www.baumhaushotel-solling.de.

BESTE REISEZEIT

April bis Oktober, je nach Ort und Wetter.

KOSTEN

Ab ca. € 100 pro Übernachtung bis knapp € 500.

2 Wo schon die Römer träumten

In vielen Regionen Deutschlands brodelt und bebt es – häufig, ohne dass wir etwas davon spüren. In der Eifel soll es langweilig sein? Weit gefehlt! In der Vulkaneifel kann man einiges darüber lernen, was unsere Welt im Innersten zusammenhält – und was sie manchmal sprengt. Dann nämlich, wenn der Druck durch die innere Hitze zu groß geworden ist.

Zwischen Bad Bertrich nahe der Mosel und Ormont an der belgischen Grenze erstreckt sich ein erdgeschichtlich außergewöhnlicher und spannender Teil unserer Erdoberfläche. Das „Abenteuer Vulkanismus" nimmt hier Gestalt an und lockt Gäste ebenso wie Wissenschaftler aus aller Welt in den Geopark Vulkaneifel. Dramatische Vorgänge mit gewaltigen Explosionen und Magma aus dem Inneren der Erde haben in der Vulkaneifel Löcher in die Erde gesprengt und Berge aufgetürmt. Bis vor zehntausend Jahren rauchten hier noch die Vulkane, durch die zuletzt das Ulmener Maar entstand – Deutschlands jüngster Vulkan. Die bisherige Hinterlassenschaft ist beeindruckend: Rund dreihundertfünfzig kleine und große Vulkane, Maare,

Lavaströme und unzählige Mineral- und Kohlensäurequellen zählt man in diesem Landstrich. Die Erdgeschichte der Vulkaneifel bietet aber noch mehr: Die wunderschöne Landschaft aus rotem Sandstein, tropisch anmutenden Riffen und mächtigen Meeresablagerungen erzählt von ruhigen und unruhigen Zeiten in den zurückliegenden vierhundert Millionen Jahren. Für Besucher bieten sich hier Wanderungen und geführte GPS-Touren an, zusätzlich gibt es ständig eine Fülle spannender Vorträge und Workshops rund um das Thema Vulkane. Entlang der „Deutschen Vulkanstraße" kann man neununddreißig verschiedene naturwissenschaftliche, kunsthistorische und industriegeschichtliche Sehenswürdigkeiten ansehen und erleben.
Die Landschaft der Vulkaneifel brachte schon die Kelten und Römer zum Träumen. Hier liegen, so sagt man, Orte voller Magie, Orte, die Kraft schenken. Ganz gleich, ob es die Maare bei Daun und Manderscheid sind, oder der erste landschaftstherapeutische Park Europas in Bad Bertrich – hier ist Zeit langsamer getaktet, und Besucher haben die Chance, zu ihrem inneren Rhythmus zurück zu finden. Das Wesentliche im Leben erkennen, mit sich selbst ins Reine zu kommen – dabei hilft die Natur mit ihrer beruhigenden Wirkung.

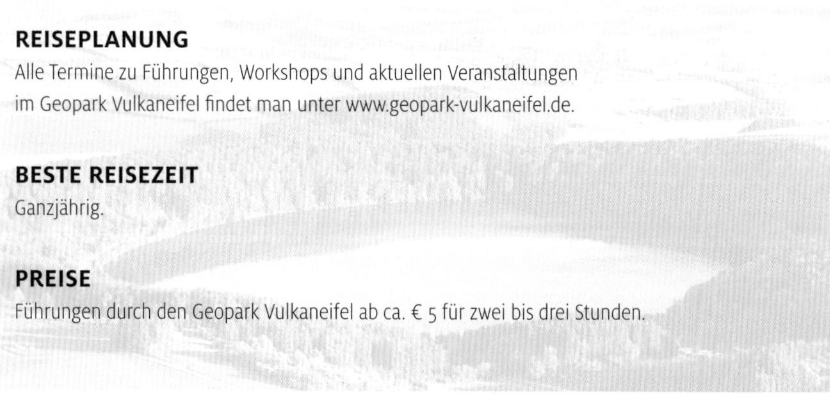

REISEPLANUNG
Alle Termine zu Führungen, Workshops und aktuellen Veranstaltungen im Geopark Vulkaneifel findet man unter www.geopark-vulkaneifel.de.

BESTE REISEZEIT
Ganzjährig.

PREISE
Führungen durch den Geopark Vulkaneifel ab ca. € 5 für zwei bis drei Stunden.

3 Vom Schwarzwald ans Schwarze Meer

Ein Strom, zehn Länder, fast zweitausendachthundert Kilometer: Die Donau vereint Kulturen, moderne und europäische Geschichte, ist Anziehungspunkt für Touristen mit den verschiedensten Interessen und ganz nebenbei Lebensraum für mehr als fünftausend Tier- und Pflanzenarten. Ihr Weg führt von der idyllischen Quelle im Schwarzwald durch die Alpenregionen, bis sie an der rumänisch-ukrainischen Küste in das Schwarze Meer mündet.

Der Name Donau stammt möglicherweise aus dem Keltischen, wo Dona-aw für „tiefes Wasser" und Do-avv für „zwei Wasser" stehen. Und das trifft es ziemlich gut. Denn über ihren Ursprung wurde lange gestritten, bis man sich darauf einigen konnte, dass die Donau am Zusammenfluss von Breg und Brigach bei Donaueschingen am Rande des Südschwarzwalds entspingt. Von dort fließt sie knapp siebenhundert Kilometer durch Deutschland und ist auf diesem Teil Transport- und Wirtschaftsweg, Wasserreservoir und touristischer Erholungsraum.

Die Ursprungsregion der Donau im Schwarzwald in Baden-Württemberg ist gleich einer der beeindruckendsten Landschaftsteile. Weiter östlich versickert das Wasser erst einmal in den Karstschluchten bei Immendingen. Das Flussbett trocknet je nach Jahreszeit zum Teil komplett aus, das unsichtbare Höhlensystem darunter „lebt" jedoch, obwohl es bis heute kaum erforscht wurde. Zwölf Kilometer weiter erscheint der Fluss als Aachquelle wieder an der Oberfläche, vereint sich an verschiedenen Stellen mit kleineren Flüssen wie der Bära, der Schmeie und der Brenz, um sich seinen Weg vorbei an Burgen, Schlössern und historischen Dörfern zu bahnen. Folgt man der Donau weiter Richtung Osten, geht es durch das trockene Urdonautal mit seinem Kletterfelsen und Wanderwegen wie dem Ostbayerischen Jakobsweg, dem Wallfahrerweg oder dem Altmühltal-Panorama-Weg und zahlreichen Radstrecken wie dem Schuttertal-Weg und dem Via-Raetica-Weg. In Ostbayern folgen Tropfsteinhöhlen und Kalksteinriffe auf Wälder und Nationalparks.

An der Grenze zu Österreich liegt die Drei-Flüsse-Stadt Passau, wo Donau, Inn und Ilz sich treffen. Damit verbunden ist ein faszinierendes Farbenspiel. Die aus westlicher Richtung fließende Donau schimmert Blau, der aus den Alpen im Süden kommende Inn eher Grün, und die aus einem Moorgebiet im Norden kommende Ilz zeigt das dunkle Schwarz des Moores. Sogar nach der Vereinigung der drei Flüsse, die als Donau weiter fließen, sind über eine längere Strecke diese drei Farben noch zu erkennen.

Architekturfreunde erfreuen sich am ebenso beeindruckenden Passauer Stadtbild, das von italienischen Barock-Baumeistern im 17. Jahrhundert geschaffen wurde. Die hohen Türme, bunten Fassaden und verwinkelten Gassen der Stadt verbreiten bis heute südländisches Flair. Im Zentrum der Altstadt erhebt sich majestätisch der Dom St. Stephan, der die größte Dom-

orgel der Welt beherbergt. In seiner Nähe befinden sich zahlreiche weitere Sehenswürdigkeiten wie die Neue Bischöfliche Residenz, das Rathaus sowie Kirchen, Museen und Galerien. Hoch über den Flüssen thronen die Veste Oberhaus, eine der größten erhaltenen Burganlagen Europas, und die Wallfahrtskirche Mariahilf.

Auch hinter der deutschen Grenze glänzt die Donau mit all ihrer Schönheit. In Ungarn vereint sie sich mit der Theiss und bildet hier Ende Mai, Anfang Juni für genau vierundzwanzig Stunden den Lebensraum für Millionen von Eintagsfliegen. Sie schlüpfen, paaren sich, zeigen einen Tag lang Tänze über dem Wasser und verschwinden wieder. Im Oktober landen dann unzählige Zugvögel zur Rast und stärken sich, bis sie weiter gen Süden fliegen.

REISEPLANUNG

Die Donauregion bietet eine Fülle an touristischen Möglichkeiten: Berühmt sind die Rad- und Wanderwege und natürlich die großen Metropolen Wien und Belgrad. Weniger bekannt, aber erlebenswert sind die vielen Tiere, die rund um den Fluss heimisch sind, vom Otter bis zur Sumpfschildkröte. Um sie zu finden, sollte man die üblichen Pfade verlassen und sich einem guten Führer anvertrauen. Informationen dazu gibt die Arbeitsgemeinschaft Deutsche Donau unter www.deutsche-donau.de. Führungen zu den Quellen unter www.donaueschingen.de und in die Donau-Höhlen unter www.blauhoehle.de und www.urmu.de.

BESTE REISEZEIT

Ganzjährig.

4 Spaziergang über den Wolken

Welcher Geier war im Alpenraum schon ausgestorben und lebt nun wieder dort? Welches Tier wird auch Kahlwild genannt und ist im Engadin heimisch? Was versteht man unter Girlandenrasen und welcher Frauenschuh ist im Park besonders gerne gesehen?
Diese und viele andere Fragen werden im Schweizerischen Nationalpark im Schweizer Kanton Graubünden beantwortet. Er ist das größte Wildnisgebiet und der älteste Nationalpark der Alpen. Dort, wo Afrika und Europa vor Urzeiten aufeinander prallten, haben sich mächtige Dolomitberge erhoben, die heute eine artenreiche Tier und Pflanzenwelt beherbergen. Rund einhundertfünfzigtausend Besucher wollen sie jedes Jahr erleben.

Über achtzig Kilometer Wanderwege stehen zur Verfügung. Eingeteilt sind sie in einundzwanzig Routen, Naturlehrpfade und Schnuppertouren. Wer den Park „irgendwie unordentlich“ findet, hat Recht: Umgefallene Bäume und morsches Holz bleiben hier liegen. Sie sind wichtiger Lebensraum für viele Organismen und Grundstoff für neues Leben. Deshalb herrscht stellenweise ein gewünschtes Chaos, eben eine Unordnung, so, wie die Natur sie geschaffen hat. So entwickeln sich die Wälder im Nationalpark wieder zurück zu einer Art Wildnis. Oberhalb der Baumgrenze findet man ihn: den Girlandenrasen. Durch wiederholtes Gefrieren und Auftauen des Bodens entsteht ein auffälliges Muster am Boden, eben wie eine Girlande.

Sollte einem ein Vogel mit einer Flügelspannweite von beinahe drei Metern begegnen, muss man sich nicht in Sicherheit bringen. Der fälschlich als Räuber bekannte Bartgeier war in der Region bereits ausgestorben, bis in den neunziger Jahren im Val da Stabelchod sechsundzwanzig Exemplare wieder angesiedelt wurden. Heute gehören die Tiere zu den größten Attraktionen des Parks und lassen sich mit etwas Glück bei ihren beeindruckenden Flügen bestaunen. In den letzten Jahren gab es mehrere natürliche Bruten, so dass keine Bartgeier mehr ausgewildert werden.

Der Park erstreckt sich auf einer Höhe von eintausendvierhundert bis über dreitausend Meter. Spaziergänge sind also auch über den Wolken machbar, da, wo bekanntlich immer die Sonne scheint. Frische Luft atmet man aber auch weiter unten, während man den Blick auf den strahlend weißen Schnee, der die Berggipfel bedeckt, genießt.

REISEPLANUNG

Dreizehn Eingänge führen in den Schweizerischen Nationalpark in Graubünden. Bei der Orientierung vor Ort hilft die App „iWebpark", die im Gelände mit GPS, Bildern, Videos und Texten nützliche Informationen liefert. Eine eigene Anreise mit dem Auto ist möglich, allerdings werden zum Schutz der Natur Bus und Bahn empfohlen. Dafür steht ein gut ausgebautes Netzwerk öffentlicher Verkehrsmittel zur Verfügung (www.nationalpark.ch). Die Parkleitung bietet täglich geführte Wanderungen an. Montags gibt es eine zweistündige Schnuppertour für Park-Einsteiger.

BESTE REISEZEIT

Juni bis Oktober. Im Winter ist der Park geschlossen.

PREISE

Eintritt für Erwachsene ab ca. € 6, Kinder zahlen die Hälfte. Geführte Touren ab ca. € 8.

5 Wir brutzeln Steaks auf dem Vulkan

Lanzarote gehört zu den kanarischen Inseln und liegt vor Afrika im Atlantischen Ozean. Die Durchschnittstemperatur beträgt zwar „nur" fünfundzwanzig Grad Celsius, aber Lanzarote kann stellenweise deutlich heißer werden. Die Insel ist geprägt vom Vulkanismus. Vor mehr als sechsunddreißig Millionen Jahren schufen submarine Vulkanausbrüche die Grundlage für die Insel. Etwa zwanzig Millionen Jahre später kam Lanzarote dann zum Vorschein und zeichnet sich heute durch eine hügelreiche Landschaft voller Vulkane aus. So sind die Feuerberge im großen Timanfaya-Nationalpark und der Bergkette Caldera del Corazoncillo nur zwei von über einhundert Beispielen. Vulkane zählt man auf Lanzarote quasi wie Sand am Meer. Deren Ausbrüche haben schon viel Leid und Zerstörung angerichtet, aber dennoch zieht die Insel jedes Jahr zahlreiche Gäste an, die mit den unterschiedlichsten Interessen kommen und zum Teil auch bleiben: Naturliebhaber und Forscher, Yogis und Meditationsgruppen, aber auch Sportler. Nicht umsonst gilt der Ironman Lanzarote wegen der Extrembedingungen als einer der schwierigsten.

Die Vulkane auf Lanzarote locken erlebnishungrige Touristen ebenso an wie Wissenschaftler. Denn vulkanische Aktivität beeinflusst die Entwicklung der Erde, sie verändert Landschaften, beeinflusst das Klima, bildet fruchtbare Böden. Und Vulkane können ausbrechen. Genau deshalb versuchen Wissenschaftler die Prozesse im Inneren der Erde besser zu verstehen, um rechtzeitig vor möglichen Ausbrüchen warnen zu können.

Wer aktiven Vulkanismus auf Lanzarote erleben möchte, besucht den Nationalpark Timanfaya. Im Besucherzentrum am Oslote de Hilario ist der thermische Gradient des Bodens sehr hoch und kurz unter der Oberfläche werden Bodentemperaturen von mehr als vierhundert Grad Celsius gemessen. Das ist heiß genug, um Wasser, das man durch ein Rohr in die Erde gießt, innerhalb weniger Sekunden verdampfen zu lassen. Büsche, die in eine Grube geworfen werden, fangen nach wenigen Sekunden Feuer. Das alles wird hier sehr anschaulich präsentiert. Im Restaurant El Diablo wird das Steak ohne Hilfe von Strom oder Kohle gegrillt. Ein Grillrost über dem offenen Vulkan genügt.

Ein vierzehn Kilometer langer Lehrpfad führt durch den Nationalpark Timanfaya. Nur in Bussen dürfen Touristen in das Gelände, wo einst das Dorf Timanfaya von der Lava der Caldera del Corazoncillo verschüttet wurde. Die über dem Dorf entstandene Lavalandschaft ist in ihren roten, braunen und gelben Farbtönen wunderschön und weckt Ehrfurcht vor den Kräften der Erde.

Die unbändigen Energien der Natur sollen aber auch heilende Kräfte haben und bieten somit eine „heiß" begehrte Grundlage für esoterische Erfahrungen. So haben sich in den letzten Jahren viele Heilberufsgruppen auf der Insel angesiedelt, aber auch Spirituelle und Schamanen, die von der Transformationskraft der Insel überzeugt sind. Ihrer Meinung nach existieren auf Lanzarote und auch in anderen vulkanischen Gebieten, wo Lava ganze Landstriche formte, großflächige Magnetfelder, die auf den Menschen wirken und seinen energetischen Zustand beeinflussen. Interessierte können auf der Insel Seminare und Workshops zum Thema besuchen und die Reise auf die Kanaren so mit einer Reise zu sich selbst verbinden.

REISEPLANUNG

Informationen über den Vulkanpark Timanfaya findet man auf dem offiziellen Tourismusportal der Insel: www.turismolanzarote.com. Der Park ist täglich von 9 Uhr bis 17.45 Uhr geöffnet. Wer sich für Seminare interessiert, wird auf der Seite www.seminar-lanzarote.com fündig.

BESTE REISEZEIT

Ganzjährig. Zwischen Juni und September kann es sehr heiß werden.

PREISE

Der Eintritt in den Nationalpark Timanfaya kostet für Erwachsene ca. € 9, für Kinder die Hälfte.

6 Das große Staunen am Himmel

Über dem nördlichen Polarkreis tanzen sie am Himmel wie bunte Engel mit Schleiern. Über der sagenhaft schönen Insel Island, dem westlichsten Land Europas, entsteht jedes Jahr zwischen September und März ein Naturschauspiel, das Einheimische wie Touristen immer neu fasziniert. Mit dem Kopf im Nacken stehen sie dann an der frischen Luft und versuchen sich zu erklären, wie diese wundersamen Formen und Farben zustande kommen.

Die wissenschaftliche Erklärung für das Entstehen der Polarlichter ist recht einfach. Hochenergetisch geladene Sonnenteilchen treffen auf Gase in der Erdatmosphäre, prallen dabei auf das Magnetfeld der Erde und wandern entlang der magnetischen Feldlinien in Richtung der Pole. Die Bewegungsenergie wird in Licht umgewandelt und leuchtet je nach Höhe und vorherrschendem Gas mal Grün, mal Rot oder Violett. Diese Aktivität können Wissenschaftler sogar ziemlich genau vorher sagen, so dass sich heute niemand mehr die Nächte um die Ohren schlagen muss. Im Gegenteil. Die meisten Hotels auf Island bieten einen Weckservice an, sobald die Lichter sich zeigen. Und natürlich gibt es zahlreiche Möglichkeiten, sich von Polarlicht-Experten zu den schönsten Plätzen der Insel führen zu lassen oder auf einem Rundflug mitten durch die farbigen Schwaden zu fliegen. Auf die Suche nach dem „Zeichen der Götter", wie man früher vermutete, geht im Winter jedermann in Island. Und die Wahrscheinlichkeit, die Lichter zu erleben, ist überaus hoch. Wenn das Wetter kühl und klar ist, sieht man sie am deutlichsten, die Aurora Borealis. Wohin muss man gehen, um das Spektakel am Himmel optimal zu erleben?

Glücklichen Neuankömmlingen zeigen die tanzenden Lichter sich schon auf dem Weg vom Flughafen in Richtung Unterkunft. Manche müssen etwas länger warten. Auf dem Festland gehört der Thingvellir Nationalpark zu den bekannten Orten, an denen man die Lichter gut sehen kann. Er ist bekannt für seine imposanten Erdrisse, denn hier driften die amerikanische und die europäische Platte auseinander. Auch außerhalb von Reykjavik, zum Beispiel in Seltjarnarnes, lassen sich die Tänze am Himmel beobachten. Und wer genauer verstehen will, was da am Himmel passiert, kann das Polarlicht-Zentrum „Aurora Reykjavik" besuchen. Dort wird mittels modernster Technologien gezeigt, was hinter dem Phänomen steckt.
Um übrigens auch tagsüber, wenn die Lichter unsichtbar werden, Island zu entdecken, bietet die Insel ein großartiges Kontrastprogramm: den Abstieg in den Vulkan Thrihnukagigur. In der einhundertzwanzig Meter tiefen Magmakammer dampft der Atem und die Wände schimmern Gold und Rot. Vierzig Autominuten von Reykjavik entfernt kommen Abenteuerlustige auf ihre Kosten. Wer es noch kälter mag und mutig genug ist, kann auch in die Eishöhlen im Fjallsjökull-Gletscher oder im Skaftafell-Nationalpark absteigen. Allerdings sollte man sich dafür einem Guide anvertrauen. Und das ganz entspannte Tagesprogramm findet beim Schafe scheren und Stricken statt – für die perfekte Polarnacht-Ausrüstung.

REISEPLANUNG

Alles Wesentliche über den Ausflug zum Staunen findet man auf den Webseiten der isländischen Tourismus-Behörde www.visiticeland.com und www.inspiredbyiceland.com. Zuverlässige Nordlicht-Vorhersagen erteilt das Polarlicht-Zentrum Reykjavik: www.aurorareykjavik.is.
Geführte Touren bucht man zum Beispiel bei Ice Adventure (www.ice-adventure.net), Arctic Adventures und Reykjavik Excursions (www.adventures.is und www.re.is). Wer beim Stricken glücklich wird und vorher das Schaf dafür scheren möchte, findet Wissenswertes unter www.icelandicknitter.com.

BESTE REISEZEIT

September bis März.

PREISE

Nächtliche Polarlicht-Touren (drei bis vier Stunden) ab Reykjavik für ca. € 40.

7 Pinguine in Afrika

Hunderte Kilometer geradeaus, die frische Küstenluft einatmen, die Zeit still stehen lassen – in Südafrika geht das wunderbar. Man muss sich nur in ein Auto setzen und der Gardenroute folgen. Die eigentliche Strecke führt von Mossel Bay nach Storms River. Da die meisten Touristen jedoch nach Kapstadt oder von dort zurück nach Hause fliegen, wird die Route gerne von der Stadt am Tafelberg bis Port Elizabeth ausgeweitet, weil man anschließend in den umliegenden Nationalparks aufregende Safaris machen kann. Bis dahin genießt man den Anblick von Weinbergen, wilden Tieren und Wasser. Südafrikanische Weite, soweit das Auge reicht.

Startet man in Port Elisabeth an der Algoa Bay, erhält man gleich einen Eindruck vom wilden Wetter des Landes. Es windet und dazu brennt die afrikanische Sonne. Von Port Elizabeth aus bietet sich zunächst ein Abstecher in einen der nahe gelegenen Nationalparks an. Besonders bliebt sind der Addo Elephant Park und der Scotia Nationalpark. Hier kann man mehrere Tage oder auch nur ein Wochenende verbringen. Ein erfahrener Tourguide fährt kleine Gruppen per Jeep durch die Parks und weiß genau, wo sich Löwen, Giraffen und die Elefantenherden gerade aufhalten. So nah kommt man den Tieren ohne Zaun sonst nicht, und wer sich traut, darf stellenweise sogar auf dem Forstsitz auf der Motorhaube mitfahren. Spätestens, wenn die Nashörner nahen, wird aber jeder Gast wieder freundlich in den Wagen gebeten. Genächtigt wird in luxuriösen Hütten, aber nicht, ohne vorher ein köstliches afrikanisches Barbecue zu probieren.

Von Port Elizabeth führt die Nationalstraße N2 in Richtung Westen auf die wahre Gardenroute. Die Straßen sind hier oft flach und schnurgerade, aus dem Radio dudeln passende Roadtrip-Sounds und durch das halb offene Fenster pustet der südafrikanische Wind. Der nächste Stopp ist Jeffrey´s Bay. Der Ort ist bekannt für seine wunderbaren Wellen und sehr beliebt bei Surfern. Wer keinen Wassersport betreibt, entspannt beim Zugucken. Eine gute Aussicht hat man von der Surfer Lodge aus und mit etwas Glück lassen sich Delfine dabei beobachten, wie sie in den Wellen spielen.

Nach mindestens einer Übernachtung geht es weiter über Knysna und nach einem kleinen Stopp an der Waterfront weiter nach Wilderness. Hier haben Sportliche viele Möglichkeiten zum Kanu- und Kayak-Fahren. Wer mutig ist, klettert auf eine alte Eisenbahnbrücke und springt fünfzehn Meter in die Tiefe. Ein Adrenalinkick! Wer die N2 hier verlässt, der gelangt ins Landesinnere nach Outshoorn. Die Stadt ist bekannt für ihre Straußenfarmen, wo man auf den Riesenvögeln reiten, aber auch köstliche Eierspeisen kosten kann. Mitten in der Kleinen Karoo liegend ist diese Region eigentlich sehr trocken. Doch der Olifants River und der Grobbeaars führen genug Wasser mit sich, um das Farmland zu versorgen. Für Abkühlung sorgt auch ein Besuch in den Cangoo Caves, den Tropfsteinhöhlen etwa dreißig Kilometer vor Outshoorn. Zurück auf der N2 ist Mossel Bay einen Stopp wert. Wer für seinen Aufenthalt einen ungewöhnlichen Schlafplatz sucht, ist im Train-Hostel Santos Express genau richtig. Alte Eisenbahn-Abteile wurden hier zu Schlafwagen umfunktioniert - nicht sehr geräumig, aber absolut außergewöhnlich. Nach einem kleinen Frühstück am nächsten Morgen führt die N2 nun weiter in den Süden des Landes, an das Kap Agulhas. Hier liegt auf einem rauen Fleckchen Erde der südlichste Punkt des Kontinents. Der indi-

sche und der atlantische Ozean treffen hier aufeinander und oft weht ein so starker Wind, dass man sich gut festhalten muss. Der Agulhas Nationalpark ist ein perfekter Ort, um auf ausgedehnten Wanderungen Vögel zu beobachten.

Ein letzter großer Halt vor der Kap-Halbinsel sollte unbedingt in der kleinen Stadt Hermanus stattfinden. Hier kommen Wale so nah an die Küste wie fast nirgendwo. Schon bei einem kurzen Spaziergang die Steilküste entlang sieht man sie springen. Unbedingt empfehlenswert ist hier eine Katamarantour am frühen Morgen, um die Riesensäuger aus nächster Nähe zu beobachten. Manchmal schlafen sie völlig ungestört in der Bucht, manchmal scheinen sie einen Willkommenstanz für neugierige Gäste auf das Wasser zu legen. Im November und Dezember kann man sich sogar mit ihnen über ihre neugeborenen Kälber freuen.

Weinfreunde lassen sich auf keinen Fall die Anbaugebiete und Verkostungen rund um Stellenbosch entgehen, bevor es dann zum großen Ziel Kapstadt geht. In dieser Region lässt sich ohne Weiteres eine ganze Woche verbringen. So fahren die meisten Besucher zur Pinguin-Kolonie in Simon´s Town, um die Freunde im Frack zu begrüßen. Für knapp vier Euro Eintritt führt ein Holzweg an den Strand, wo mehrere hundert Jackass-Pinguine die Sonne genießen oder sich gegenseitig hinterher watscheln. Die schwarz-weiß-gefiederten Vögel sind eine echte Augenweide und stehen gerne für ein paar Schnappschüsse parat, solange man ihnen nicht zu nahe kommt.

Ein Highlight ist natürlich die Fahrt zum Cape of Good Hope, zum Kap der guten Hoffnung. Von der Aussichtsplattform am Cape Point genießt man einen unbeschreiblichen Blick auf die Steilklippen der Küste, an denen tausende Schiffsleute ihr Leben ließen. Die hier herrschenden Gezeiten lassen die Felsen bei Ebbe aus dem Wasser ragen, um sie bei Flut fast vollständig zu verbergen, so dass früher Schiffe aufgelaufen sind. Ein sagen- und wellenumwobener Ort von unendlicher Schönheit.

Zum Abschluss der Gardenroute ruft Kapstadt, die Mutterstadt Südafrikas. Schon bei der Ankunft präsentiert sich der Tafelberg meistens, wie sein Name erahnen lässt, bedeckt mit einem Tuch aus sachte schwebenden Wolken in der Ferne. In der Altstadt findet man eine Mischung aus gemütlicher Provinz und Metropole. Die oft einstöckig gebauten und erhaltenen Kolonialhäuser und die gepflasterte Fußgängerzone machen einen familiären Eindruck. Kapstadt ist besonders, ist bunt und beeindruckend. Ein Besuch auf dem Tafelberg ist ein Muss, ob zu Fuß oder mit der Gondel. Nur vom Wetter sollte man sich nicht täuschen lassen. Denn nur weil das Bergplateau am Morgen keine „Tischdecke" trägt, heißt es nicht, dass es auch so bleibt. Und dann steht man ohne Jacke und feste Schuhe in eintausendsiebenundachtzig Meter Höhe, ohne Sicht auf die Stadt und ohne Hoffnung, jemals wieder warme Füße zu bekommen.

REISEPLANUNG

Südafrika kann man individuell mit dem Mietwagen bereisen oder sich einem kundigen Reiseleiter anvertrauen. Studienreisen und Touren werden in allen möglichen Varianten und zu verschiedenen Preisen angeboten, in Deutschland zum Beispiel über den Veranstalter Erlebe Fernreisen. Das Team stellt jede Reise aus Bausteinen nach individuellen Bedürfnissen zusammen, bucht Unterkünfte, Mietwagen, Weinverkostungen und Safaris auf persönlichen Wunsch und ist außerdem bemüht, dass auch Kinder die große weite Welt entdecken können. Infos unter www.erlebe-fernreisen.de. Allgemeine Reiseinformationen über die Region liefert die Webseite www.country.southafrica.net.

BESTE REISEZEIT

Hochsaison ist im Dezember und Januar, die beste Zeit für die Gardenroute ist von September bis Mai.

PREISE

Eintritt in den Nationalpark in Sambia ca. € 15, Baden im Devil´s Pool ebenfalls ca. € 15. Dafür muss man einen Ausflug zur Livingstone Island buchen, z.B. über Jenman-Safaris: 3Tage Victoria Falls, ca. € 350. Helikopter-Flug 13 Minuten ca. € 110.

8 Baden unterm Regenbogen

Trotz Regenschutz wird man nass, wenn man sie nur anguckt. Die Victoriafälle in Afrika sind zwar „nur" einhundertzwanzig Meter hoch – im Gegensatz zum höchsten Wasserfall der Erde, dem Salto Angel mit fast tausend Metern in Venezuela – dafür sind sie aber die längsten Wasserfälle der Welt. Zwischen Livingstone in Sambia und der Grenzstadt Victoria Falls Town in Simbabwe erstrecken sie sich über eintausendsiebenhundert Meter in einem Guss auf den sonst trockenen afrikanischen Boden. Wer die Wasserfälle besuchen will, sollte auf jeden Fall ein Regencape mitnehmen, denn auch bei gutem Wetter macht einen die Gischt nass bis auf die Knochen.

Seit 1989 zählen die Victoriafälle zum Unesco-Weltkulturerbe und ohne Frage stellen sie auf einer Reise in die Region eines der großen Highlights dar. Die einheimischen Kololo nennen den Wasserfall „Mosi-oa-Tunya", was soviel bedeutet wie „donnernder Rauch". Der Sprühnebel nährt den umgebenden Regenwald rund dreißig Kilometer weit.

Spektakulär ist ein Bad im „Devil´s Pool". Mutige können sowohl im natürlichen Pool unmittelbar unter dem Wasserfall als auch oben im letzten Wasserbecken vor dem Abhang baden gehen. In diesem Pool des Teufels hört man nicht nur die Gischt rauschen, sondern auch seinen eigenen Herzschlag. Allerdings ist dieses Abenteuer nur in der Trockenzeit zwischen September und Dezember möglich. In der Regenzeit ist der Wasserstand zu hoch und die nassen Massen spülen alles hinunter, was ihnen in den Weg kommt. Baden mit Adrenalinkick also. Etwas entspannter ist ein geführter Ausflug zur Insel Livingstone Island. Benannt wurde sie nach David Livingstone, der die Victoriafälle als erster sah. Hier kann man so gut wie immer den glitzernden Regenbogen bestaunen, der durch das aufwirbelnde Wasser und die Sonneneinstrahlung entsteht.

Springen ist übrigens auch erlaubt: Einhundertachtundzwanzig Meter geht es hinunter in die Tiefe des Sambesi-Flusses, sicher befestigt an einem langen Seil. Das Bungeejumping an der Victoria Falls Eisenbahnbrücke ganz in der Nähe des Wasserfalls ist eine beliebte Freizeitbeschäftigung für abenteuerlustige Touristen. Über diese Brücke gelangt man auch zu Fuß auf die andere Seite, also von „Sim" nach „Sam". Wunderschön präsentieren sich die Victoriafälle natürlich auch aus der Luft. Vor allem Fans besonderer Fotografie kommen bei einem Rundflug „Flight of Angels" über die Region auf ihre Kosten.

Zwar sind die Victoriafälle seit 1934 grenzübergreifend unter Schutz gestellt und gehören gleich zwei Nationalparks an. Streit um die Touristenattraktion gibt es jedoch trotzdem immer wieder. Weil viele Besucher eher in Sambia bleiben, weil dort die Infrastruktur und die Einkaufsmöglichkeiten besser sind und der Sambia Nationalpark mit seinen „Big Five" – den Elefanten, Löwen, Büffeln, Leoparden und Nashörnern, aber auch Herden von Antilopen, Zebras und Giraffen lockt, will man in Simbabwe einen Vergnügungspark bauen, um Gäste im eigenen Land zu behalten. Naturschützer möchten die Region aber natürlich lieber ohne Hotels und Casinos sehen. Auch über einen neuen Staudamm wird heftig diskutiert.

Aber es gibt auch positive Beispiele für die Entwicklung der Region: Seit Herbst 2013 entsteht hier das größte Naturschutzgebiet der Welt. Sechsunddreißig einzelne Schutzgebiete und Nationalparks in Angola, Sambia, Simbabwe, Botswana und Namibia sollen zur Kavango Zambezi Transfrontier Conservation Area verbunden werden. Finanziell unterstützt wird das Mammutprojekt unter anderem vom Bundesministerium für Wirtschaftliche Zusam-

menarbeit und Entwicklung, um den Lebensraum vieler Tiere zu erhalten und nachhaltigen Tourismus zu ermöglichen. Die federführende Peace-Park-Foundation wurde 1997 von mehreren afrikanischen Staaten und mit Unterstützung von Nelson Mandela gegründet und zeigt, dass ökologische Grenzen nicht den politischen Grenzen entsprechen müssen.

REISEPLANUNG

Informationen über die Victoria Falls findet man auf den offiziellen Webseiten der angrenzenden Länder Sambia und Simbabwe www.zambiatourism.com und www.zimbabwetourism.net. Safaris per Jeep oder Flugzeug vom Tagesausflug bis hin zur mehrwöchigen Rundreise durch Sambia und Simbabwe bietet zum Beispiel Jenman Safaris an. Infos unter www.safariafrika.de.

BESTE REISEZEIT

Die schönste Reisezeit ist im Frühjahr und frühen Herbst. Im Devil´s Pool badet man von September bis Dezember.

PREISE

Eintritt in den Nationalpark (Sambia) ab ca. € 15. Um zum Devil´s Pool zu gelangen, bucht man entweder eine Exkursion dorthin über einen Reiseveranstalter, oder man fährt auf eigene Faust, muss dafür aber einen Ausflug zur Livingstone Island buchen.
Jenman-Safaris: zum Beispiel Victoria Falls & mehr, 3 Tage/2 Nächte ab ca. € 320. Ein Helikopter-Flug dauert 13 Minuten und kostet ca. € 105.

9 Das Salz muss auf die Haut

Die Schlammpackung auf dem Körper trocknet langsam in der Sonne. Die Füße stehen im salzigen Wasser auf dem Meeresboden, der doch weit unterhalb des Meeresspiegels liegt. Ein Bad im Toten Meer in Jordanien ist Wellness pur – während man tatsächlich „unter der Erde“ steht.

Mit etwa sechshundert Quadratkilometern ist der natürliche See fast so groß wie die Fläche Berlins und liegt etwa vierhundertzwanzig Meter unter dem Meeresspiegel. Noch. Denn der Wasserspiegel sinkt alarmierend schnell. Im Jahr 1970 lag der See noch etwa dreihundertneunundachtzig Meter unter dem Meeresspiegel. Etwa einen Meter Höhe verliert das Tote Meer pro Jahr.

Die Gründe sind vielfältig: Der Zufluss von Süßwasser in den See nimmt ab. Die primäre Wasserquelle, der Untere Jordan, wird angezapft, um die örtlichen Haushalte und die Landwirtschaft zu versorgen. Dazu kommt die Mineralgewinnung, bei der das Wasser aus dem nördlichen in das südliche Becken geleitet wird, um Salze auf großen Verdunstungsflächen zu gewinnen. Der Salzgehalt des Toten Meeres liegt bei rund dreißig Prozent – das ist das Zehnfache des Mittelmeer-Salzgehalts. Am Ufer blinken die Salzkristalle in der Sonne und laden zum Staunen und Baden ein. Das Tote Meer ist nämlich nicht nur für die Industrie interessant, sondern auch für Touristen. Die Heilwirkung des Salzes ist medizinisch nachgewiesen, lindert Hautleiden und hilft bei der Regeneration verschiedener Krankheiten. Arm an Natriumchlorid, aber reich an Magnesium, Kalium, Kalzium und Brom ist das Wasser regelrecht ein natürlicher, warmer Wellness-Pool. Magnesium hilft dabei, das Hautmilieu zu normalisieren. Die Magnesium-Ionen beeinflussen den Bereich der Haut, der für Stoffwechselprozesse zuständig ist. Sie können in der Epidermis Salzdepots bilden, welche helfen, die Feuchtigkeit der Haut zu bewahren. Dadurch bleibt sie weich und geschmeidig. Kalium stärkt die Abwehrkräfte, wirkt entzündungshemmend und ist außerdem wichtig für die Regulierung des Wasserhaushalts. Auch Kalzium wirkt beruhigend bei Hautirritationen, zum Beispiel gegen Juckreiz. Brom wird bei der Bildung des zyklischen Hormons AMP benötigt, das für die Hautregeneration unverzichtbar ist und einen gesunden Abschuppungsprozess gewährleistet. Es wirkt auf den gesamten Organismus beruhigend.

Aber Vorsicht: Das Gute im Wasser kann auch Schmerzen bereiten. Schon die kleinste Wunde brennt höllisch, sobald sie in Kontakt mit dem salzhaltigen Wasser kommt. Wer unversehrt ist, kann dafür einfach gemütlich im Toten Meer baden und dabei lesen, ohne die Zeitung nass zu machen. Der hohe Salzgehalt sorgt für den Auftrieb wie von Geisterhand, und ganz ohne Luftmatratze schwebt der Körper auf der Wasseroberfläche. Allerdings sollte man das nicht länger als zwanzig Minuten tun, da zu viel Salz auf einmal den Organismus auch belasten kann.

REISEPLANUNG

Das Klima am Toten Meer und der durch die besondere Lage erhöhte Luftdruck sind nach Ärzte-Meinung ebenfalls gesundheitsfördernd, weil sich mehr Sauerstoff in der Luft befindet. Wer fertig gebadet hat, erkundet die Umgebung: Für Ausflüge bieten sich der Dana Nationalpark, das Wadi Mujib, die Schluchtenlandschaft rund um das Tote Meer als das am tiefsten gelegene Naturschutzgebiet der Erde oder die verlassene Felsenstadt Petra an. Informationen über die Region unter www.visitjordan.com und www.israelmagazin.de.

BESTE REISEZEIT

Ganzjährig warm und meist sonnig, Lufttemperatur zwischen 20 und 35 Grad.

10 Unterwegs in der weißen Wüste

Salz soweit das Auge reicht. Aus größerer Entfernung wirkt es wie Schnee oder eine Fläche voller Sand. Aber wer sich nähert, erkennt die Abermillionen feiner Salzkristalle, die wie ein krümeliger Teppich vor den Füßen liegen und an manchen Stellen sonderbare Formationen bilden. Weit und breit findet man kaum Tiere, nur ein paar hundert elegante Flamingos durchwühlen die Salzseen nach Futter. Die Uyuni in Bolivien ist die größte Salzwüste der Erde und ein Natur-Ereignis.

Zwölftausend Quadratkilometer Fläche, und das über dreitausendfünfhundert Meter über dem Meeresspiegel: Allein die Lage der Uyuni ist eine Sensation und sogar aus dem Weltraum sichtbar. Vor Millionen von Jahren war dieses Stück Kontinent vom Meer bedeckt. Durch die Plattenverschiebung wurde ein Teil davon als Salzsee abgeschnitten. Das Wasser verdunstete über lange Zeit. Übrig blieben eine bis zu dreißig Meter dicke Salzschicht und stellenweise sogar Korallenreste. Dazwischen befinden sich einzigartige Formationen wie die Insel Incahuasi mit ihren Riesenkakteen. In der Mitte der Uyuni liegt die Isla del Pescado. Hier erhebt sich eine Felsformation in der Form eines übergroßen Fisches. In der Umgebung versprechen natürliche Tunnelsysteme, Höhlen und Ruinen der Inka spannende Exkursionen.

Und weil es in der Uyuni Salz im Überfluss gibt, man es aber leider nicht essen kann, findet es anderweitig Verwendung. Mittlerweile sind mehrere Hotels und Herbergen komplett aus Salz entstanden. Vom Grundstein bis zum Bett ist hier alles aus Salzblöcken gebaut und bie-

tet so eine ganz besondere Atmosphäre zum Übernachten. Das Hotel Tayaka de Sal liegt in der Nähe des Dorfes Tahua, am Fuße des Thunupa-Vulkans mitten in der Salzwüste. Das Hotel Luna Salada und der Palacio de Sal liegen am Rande der Salzwüste und sind von der Nationalstraße 30 gut zu erreichen. Am Abend wärmt man sich am Kaminfeuer bei gutem bolivianischen Essen, bevor es am nächsten Morgen warm angezogen zur nächsten Exkursion geht.

REISEPLANUNG

Touristen können die Uyuni sehr gut bereisen, sollten aber ein paar Dinge beachten und sich vor allem in der Höhe akklimatisieren. Getrocknete Cocablätter, die man in jedem Souvenirshop bekommt, sollen gekaut oder als Tee helfen. Die Orientierung auf der riesigen Salzfläche überlässt man besser Ortskundigen. Es ist also angeraten, sich einer geführten Tour anzuschließen. Die meisten Ausflüge dauern zwei bis vier Tage und starten in Uyuni Stadt, Tupiza, aber auch San Pedro de Atamaca in Chile und werden über Hotels oder eine Reiseagentur gebucht. Informationen zum Beispiel über www.palaciodesal.com.bo oder www.lunasaladahotel.com.bo. Reise-Informationen über Bolivien findet man auf der Seite www.bolivia.travel.

BESTE REISEZEIT

Ganzjährig mit Ausnahme der Regenzeit (Dezember bis März). Im Juli und August sind höher gelegene Sehenswürdigkeiten oft wegen Schnee nicht zugänglich. Die Durchschnittstemperatur der Region liegt bei neun Grad, nachts oft Minusgrade.

PREISE

Übernachtungen in einem Salzhotel ab ca. € 65 (Tayka), ab € 85 (Luna Salada), ab € 99 (Palacio de Sal). Tagesausflüge ab ca. € 30, mehrtägige Touren ab € 80.

11 Es gibt sie: Robinsons einsame Insel

Gut 2600 Kilometer Küste, afrikanisch-portugiesische Kultur, Geisterbeschwörung, Küsten- und Bergvölker: Die Landschaft in Mosambik ist so gut wie unberührt. Das Archipel Quirimba Islands vor der Küste der Provinz Cabo Delgado lädt Besucher zum Insel-Hopping ein, um wunderschöne Strände und die wundersame Swahili-Kultur kennenzulernen. Der Begriff leitet sich vom arabischen Wort saahilii ab, was soviel wie Küstenbewohner bedeutet.

Das Qurimba-Archipel besteht aus einunddreißig Inseln, die entdeckt werden wollen. Auf Ibo Island findet man noch Ruinen aus portugiesischer Vergangenheit. Die Insel war in den letzten Jahrhunderten einer der größten Sklavenumschlagsplätze. Die arabische, portugiesische und afrikanische Kultur spiegelt sich in Architektur und alltäglichen Bräuchen - eine mystische Mischung, eingebettet in wunderschöne Landschaften mit Mangrovenwäldern, Stränden und türkisblauem Wasser. Wer hier urlaubt, findet sie noch: die Ruhe und Einsamkeit, die kleine Insel mit den weißen Stränden.

Empfehlenswert, um mehrere Inseln kennen zu lernen, ist eine Segeltour auf einer Dhow. Die alten arabischen Segelschiffe werden heute noch gebaut und dienen Urlaubern dazu, sich einmal so richtig fern des Alltags zu fühlen. Segel-Touren dauern meist eine Woche: Vier Tage ist man auf See und besucht Inseln wie Quisiva, Quirimbas und Matemo. Geschlafen wird in Safarizelten am Strand. Der Luxus kommt dann zum Schluss, wenn die Tour auf der Insel Ibo mit einigen Nächten im 4-Sterne-Kolonial-Hotel Ibo Island endet.

Das Quirimbas Archipel erreicht man am besten über den Hafen der historischen Stadt Pemba. Hier liegt eine der größten Meeresbuchten der Erde. Mit dem Boot geht es auf die Hauptinsel und von dort kann man sich aussuchen, welches der einunddreißig Paradiese man zuerst aufsuchen möchte. Bleiben kann man nur auf einigen Inseln wie zum Beispiel auf Matemo, Quilaea, Medjumbe und Ibo. Hier hat sich der Deutsche Jörg Salzer niedergelassen, der eine Ruine aus Kolonialzeiten zur Miti Miwiri Lodge umgebaut hat. Viele der kleineren Inseln sind unbewohnt oder werden nur von wenigen Einheimischen genutzt. Dort gibt es auch oftmals noch kein Trinkwasser.

11 MOZAMBIQUE

INFO

Die Unberührtheit hat ihren Preis: Bis man das Quirimba-Archipel erreicht, dauert es etwas länger, dafür ist schon die Anreise spektakulär. Sie funktioniert am besten mit Flug von Johannesburg nach Pemba. Ab hier führen Touren über Land und Wasser, zuerst nach Mucojo, dann weiter nach Mogundala Island. Nach zwei Nächten geht es weiter zum Fischerdorf Ulumbwa am gleichnamigen Fluss. Tag vier führt nach Matemo Island und an den folgenden Tagen lernt man auf Ibo Island die Einheimischen und deren Traditionen kennen.

Touren bucht man zum Beispiel bei www.travel2mozambique.com. Informationen über die Inseln findet man unter www.mozambiquetourism.co.za. Unterkünfte auf Ibo Island zum Beispiel unter www.mitimiwiri.com.

BESTE REISEZEIT

April bis Dezember.

PREISE

Eine Woche Insel-Hopping ab/bis Pemba kostet bei Travel2Mozambique ab ca. € 1.335 inklusive Vollpension und allen Aktivitäten. Vier Nächte schläft man im Zelt, drei Nächte in der luxuriösen Ibo Lodge.

12 Das Ende der Welt: traumhaftes Patagonien

Der Name Chile bedeutet in der indigenen Sprache der Aymara „das Land, wo die Welt zu Ende ist".

Das Land erstreckt sich über den halben südamerikanischen Kontinent und umfasst mehrere Klimazonen. Von Deutschland aus betrachtet führt eine Reise nach Chile um den halben Erdball. Und scheint doch, ist man erst einmal dort, gar nicht so weit entfernt. Chile gehört hinsichtlich Lebenserwartung, Bildungszugang und Lebensstandard zu den am weitesten entwickelten Schwellenländern überhaupt. Laut der Statistik des Auswärtigen Amtes freuen sich Chiles Einwohner über das höchste Pro-Kopf-Einkommen in Südamerika. Und das spürt man auch als Tourist: Das Leben scheint geordnet, modern und irgendwie ein bisschen europäisch.

Der Ort San Pedro de Atacama im Norden Chiles liegt auf einer Höhe von fast zweitausendfünfhundert Metern über dem Meer und ist der Startpunkt für viele Ausflüge in die Atacama-Wüste. Dort, wo man nur Grau und Braun erwartet, glänzt die Natur mit soviel Abwechslung, dass es Besuchern oft fast die Tränen in die Augen treibt. Mondlandschaften wechseln sich mit Teppichen aus Riesenkakteen ab, wunderschöne Steinformationen lenken den Blick auf die dahinter liegenden Vulkane und auch im Sommer teils schneebedeckten Bergketten, denn die Gipfel erreichen hier über sechstausend Meter.

Die wenigen Dörfer in der Wüste, wo meist nur wenige Menschen leben, sind der beste Beweis, dass die Atacama trotz ihrer Trockenheit stellenweise auch eine wahre Oase ist. Die Einwohner leben in ausschließlich einstöckigen Lehmhütten, die vor der Hitze schützen. Ihre Zeit verbringen sie damit zu stricken, Empanadas zu backen und Touristen zu verpflegen. Die kommen, weil die Atacamawüste oft als trockenste Wüste der Welt bezeichnet wird. Ganz sicher kann man sich da nicht sein. Aber Arica gehört auf jeden Fall auf die Liste der trockensten Orte der Erde – neben dem Death Valley in den USA und den Trockentälern in der Antarktis. Im Sommer steigt die Temperatur gerne bis auf fünfzig Grad. Nachts sinken die Temperaturen in den Minusbereich. Die klare Luft ermöglicht spannende astronomische Sternen-Touren. Wer dem Himmel selbst etwas näher kommen möchte, kann auf eine Sanddüne steigen und mit dem Sandboard den Pulversand wieder runterdüsen. Auch toll: eine frühmorgendliche Exkursion zu den höchsten Geysiren der Welt. Die Tatio-Geysire liegen über viertausend Meter hoch, speien Wasserdampf oder hohe Fontänen aus, und in ihren heißen Quellen kann man dank des ein Kilometer tiefen Magmas, das die Wasserstellen erhitzt, wunderbar baden.

Geysire sind zweifellos eine Besonderheit in der Wüste. Doch der abschmelzende Schnee auf den Bergspitzen sowie unterirdische Flüsse nähren unzählige Wasseradern und kleine Seen. Zwei davon liegen mitten in einem Paradies aus Salz, die Salares del Altiplano. Ein wunderschönes Bild für Besucher: An den Seen stehen zahlreiche pinkfarbene Flamingos, die sich im Wasser spiegeln und mit ihrem Schnabel nach Futter suchen. Auf der Weiterfahrt trifft man mit etwas Glück wilde Esel, Guanacos, Vicunyas (wilde Lamas) und Vizcachas an, Verwandte der Chinchilla, die sich fast unerkennbar zwischen den großen Felsbrocken tummeln.

Eine Reise durch die chilenische Atacama-Wüste klingt in San Pedro gemächlich aus. Hier verbringt man die Tage mit köstlichem Essen und ausgiebigen Gesprächen. Durch die hohen Temperaturen und die dünne Luft läuft dort zwar alles etwas langsamer, aber dafür sind die Einheimischen umso geselliger.

Um in kurzer Zeit von der Wüste im Norden ganz in den Süden zu kommen, bietet sich ein Inlandsflug an. Wer nicht fliegen möchte, kann mit einem luxuriös ausgestatteten Bus fahren, muss dafür aber gut zwei Tage Zeit und viel Sitzfleisch mitbringen. Dreh- und Angelpunkt im Süden ist Punta Arenas in Patagonien. Hier fühlt man sich an die Bedeutung des Namens „Chile" erinnert: Noch weiter südlich liegen nur noch das Kap Horn, ein paar wenige Dörfer und die Antarktis. Und das spürt man am feuchtkühlen Klima mit dem eisigen Wind. Wer es bis an dieses Ende der Welt geschafft hat, den belohnt eine unberührte und faszinierende Natur. Mit dem Schiff gelangt man vom Hafen aus zum Beispiel auf die Pinguininsel Magdalena. Dort leben keine Menschen, dafür aber über einhunderttausend Magallanes-Pinguine, die die Besucher lauthals begrüßen. Zurück auf dem Festland geht die Reise für die meisten Touristen weiter zum Nationalpark Torres del Paine. Der Name bedeutet soviel wie „Himmelblau", und das kommt dem, was man dort erleben kann, überaus nahe: türkisfarben glitzernde Lagunen, tiefblaues Glitzern der Gletscher, Wildpferde, kaum Menschen. Der Park ist ein Natur-Paradies, und abgesehen davon eine Ruheinsel ohne Handyempfang, ohne Autoverkehr, und in den Unterkünften stört kein Fernseher die Ruhe der Natur. Wer hier ein paar Tage staunend durch die Landschaft gewandert ist, empfindet bald die Anwesenheit anderer Wanderer als Rummel.

REISEPLANUNG

Für einen Besuch im Nationalpark Torres del Paine sollte man drei Tage einplanen und sich ein wenig Muße für Wanderungen gönnen. Buchen kann man über www.wildchile.com. Für die Übernachtung vor Ort stehen Zeltplätze, Lodges und Almhütten zur Verfügung.
Informationen findet man auch auf der offiziellen Tourismusseite www.chileestuyo.cl.
Details zur Atacama-Wüste findet man unter www.sanpedroatacama.com und www.thisischile.cl.

BESTE REISEZEIT

Ganzjährig angenehmes Klima im Norden, der Süden mit seinem feuchtkühlen Klima ist am besten von Dezember bis März zu bereisen.

PREISE

Exkursionen in die Atacama-Wüste ab ca. € 15. Eintritt in den Nationalpark Torres del Paine ca. € 13, Zeltplatz ab € 10, Übernachtung in der Lodge ab ca. € 35 Euro. Mehrtägige geführte Tour inklusive Übernachtung ab ca. € 300.

2 Begegnungen mit Tieren

13 Mit Adlern in die Luft gehen

Fast wie angeschwipst tapst der flaumige Nachwuchs unter den Wärmelampen herum. Das, was einmal kräftige Krallen werden sollen, sind noch winzige Füßchen. Und statt lautem Schreien ertönt bemühtes Piepsen. Nur die Augen sind schon groß und aufmerksam, vor allem, wenn die Pinzette mit dem Futter naht.

Falkner Jurgen Nikolaus widmet sich in Südspanien dem Züchten und Hüten von Greifvögeln. Auf der Spitze des Monte Calamorro in Benalmádena leben rund zweihundert Falken, Adler, Habichte und Geier. Die Erwachsenen benötigen lediglich einen Unterschlupf und leben ansonsten unter freiem Himmel. Die frisch geschlüpften Tiere dürfen sich anfangs noch in ihre Wohnkästchen kuscheln und nach der Fütterung mit vollem Bauch ein Nickerchen machen. Erst, wenn sie alt genug sind, ziehen sie zu ihren Eltern ins Gehege um, damit sie schnappen und natürlich auch jagen lernen. Darin sind Greifvögel Meister. Mit bis zu dreihundert Stundenkilometern stürzen sie in der freien Wildbahn auf ihre Beute hinab. Kaum zu glauben, das die kleinen, flaumigen Jungvögel eines Tages eine solch ausgeklügelte Technik beherrschen werden.

Falken und Adler zählen schon seit Jahrtausenden zu den treuen Begleitern des Menschen. Vor 3500 Jahren wurden Greifvögel bereits zur Beizjagd eingesetzt, um Rebhühner oder Hasen zu erlegen. Mit den Kreuzrittern gelangte diese Form der Jagd aus Asien nach Europa, wo sie sich zu einem Privileg des Adels entwickelte. Heute haben es die Tiere schwer. Ob Weißkopfseeadler, südamerikanische Chilliadler, Condor oder Wanderfalke, die Zweibeiner im Federkleid leiden in der Natur unter der starken Bebauung der Landschaft und dem Straßenverkehr. Zudem werden viele Tiere durch Jäger in den Bergen Andalusiens geschossen, und oft fehlen die passenden Partner, um sich fortzupflanzen. Im geräumigen Adler-Park Parque de las Àguilas ist das Partnerangebot hingegen groß genug.

Jurgen Nikolaus und seine Helfer sind als Bezugspersonen akzeptiert. Durch die Fütterungen sind die eigenwilligen Tiere an menschliche Stimmen, Gerüche und Berührungen gewöhnt. So sind auch Besuche der Adler-Station kein Problem, sondern sogar gewünscht, denn Eintrittsgelder finanzieren die Falknerei. Damit die Tiere ihre nötige Bewegung erhalten und Gäste zum Staunen bringen, veranstaltet Jurgen Nikolaus deshalb regelmäßige Adler-Flugshows. Mit Federspielen und Schleppen werden die Instinkte der Greifvögel geweckt, die kilometerweit frei über dem Publikum kreisen. Manchmal nehmen die Tiere zur Entspannung sogar auf den Köpfen der Zuschauer Platz. Menschen sind nämlich keine Feinde, sondern Freunde. Und umgekehrt.

REISEPLANUNG

Hoch zur Adler-Station von Benalmádena kommt man entweder mit einer Seilbahn, oder man fährt mit dem Auto die Serpentinenstraße hoch. Anfragen per Mail an jn.aguilas@yahoo.es

BESTE REISEZEIT

Ganzjährig.

KOSTEN

Erwachsene ca. € 6, Kinder ca. € 5 inklusive Seilbahntransfer.

14 Schlangen füttern, aber richtig!

Grünhäutige Schlangen, krabbelnde Insekten und geschuppte Echsen: Um diesen Kreaturen zu begegnen, muss man nicht weit reisen. Es reicht ein Ausflug nach Landau in die Pfalz. Im Reptilium, dem größten Reptilienzoo Deutschlands, lassen sich die Urzeit-Tiere hautnah erleben und sogar anfassen. Auf dreitausendvierhundert Quadratmetern gibt es dort eine bunte Vielfalt an über tausendeinhundert Tieren aus hundertdreißig verschiedenen Arten - ein wahrlich echs-otisches Erlebnis zwischen scharfen Zähnen, kräftigen Kiefern und Augen, denen nichts

entgeht. Reptilien sind etwas ganz Besonderes. Sie stammen meist aus tropischen Gebieten, aus Wüsten, Sümpfen im Regenwald und dem tiefen Dschungel. Deshalb herrschen im Zooinneren auch das ganze Jahr über sommerliche Temperaturen. Sogar an verregneten Tagen scheint in der pfälzischen Wüste die Sonne. Schon beim Betreten der Anlage wird es wohlig warm und es riecht nach Erde, tropischen Pflanzen und irgendwie ein bisschen nach Urlaub.

Der Lebensraum Terrarium und die Wasserstellen im Zoo sind für die Reptilien überaus wichtig, denn als wechselwarme Tiere sind sie sehr abhängig von der richtigen Lufttemperatur, Feuchtigkeit und den Lichtverhältnissen. Das erfordert besondere technische Hilfsmittel und Sonderausstattungen wie Steine, Holz und zum Beispiel Sand, damit die Exoten sich wie zuhause fühlen. Und das klappt im Reptilium wunderbar. So kamen südamerikanische Abgottschlangen und mehrere der seltenen Madagassischen Strahlenschildkröten im Zoo zur Welt. Wem einfaches Zugucken nicht genügt, der kann einen Tag als Tierpfleger aushelfen und dabei alles über die artgerechte Haltung von Nashornleguanen, Schildechsen oder den winzigen Leopardengeckos lernen. Wer übrigens Insekten mag, und zwar nicht nur zum Anschauen, der kann im Reptilium auch einen Insektenkochkurs machen. Unter fachkundiger Anleitung werden die Krabbeltiere zu schmackhaften Delikatessen, die sehr eiweißhaltig und gesund sein sollen.

REISEPLANUNG

Der Tag als Tierpfleger beginnt früh morgens mit einer kleinen Einführung, und dann dürfen die Teilnehmer zusammen mit den erfahrenen Mitarbeitern anpacken: Tiere füttern, Terrarien aufräumen und zum Teil neu gestalten. Neben festen Schuhen und einer langen Hose ist hierfür nur leichte Freizeitkleidung nötig. Informationen unter www.reptilium.de.

BESTE REISEZEIT

Ganzjährig, der Zoo ist täglich von 10 bis 18 Uhr geöffnet. Tipp: Im Reptilium ist es immer hochsommerlich warm!

PREISE

Die Tageskarte für den Zoo kostet für Erwachsene ca. € 15, für Kinder ca. € 10,50. Tierpflegertag für Erwachsene ab ca. € 120, für Kinder bis 14 Jahre ab ca. € 100, Verpflegung inklusive.

15 Unter dem Glühwürmchen-Himmel

Wenn sie hungrig sind, leuchten sie. Dann lockt ihr kräftiges Blau Beute an. Die verfängt sich in den seidenen Fäden, die aus den Netzen von der Decke hängen: Glühwürmchen. Abertausende von diesen leuchtenden Tierchen kann man in Neuseeland in mehreren Höhlen und Canyons entdecken. Die Decke wird so zu einem lebendigen Sternenhimmel, unter dem Gäste im Kayak treiben und aus dem Staunen nicht mehr heraus kommen.

Eins vorweg: Eigentlich sind diese Glühwürmchen gar keine Glühwürmchen. Sie gehören nämlich weder zu den Würmern noch zu den Käfern. Sie gehören zu den Mücken, auch wenn sie kaum fliegen können. Außerdem haben sie alles andere als ein blendendes Leben. Da sie kein Verdauungssystem besitzen, schaffen sie es gerade mal sich fortzupflanzen und sterben dann schon nach wenigen Tagen. So wird regelmäßig eine neue Glühwürmchen-Generation erschaffen.

Sowohl auf der Nordinsel als auch auf der Südinsel werden verschiedene Glühwürmchen-Touren angeboten. Alles, was der Besucher braucht, ist warme, wasserabweisende Kleidung und ein wenig Kondition zum Paddeln. Dann geht es in schmalen Kayaks auf ins Dunkle. Die Ausflüge in geschlossene Höhlen wie zum Beispiel bei Waitomo und Te Anau finden mehrmals am Tag statt. Wer durch

WAIMARINO.com
WAIMARINO.com

die Canyons von Waimarino fahren möchte, bricht kurz vor Sonnenuntergang auf, um die Leuchttiere dann in vollkommener Dunkelheit zu erleben. Die geübten Tour-Guides bringen die Besucher auch wieder sicher aus den engen Wasserstraßen zurück. Wichtig ist es, sich ruhig zu verhalten. Denn wenn die Tiere sich erschrecken, krabbeln sie sofort zurück in ihr Nest, und dann hat es sich ganz schnell ausgeleuchtet.

Auch auf dem Waikato-River lassen sich Glühwürmchen-Ausflüge machen. Der Waikato durchfließt als längster Fluss die Nordinsel Neuseelands. Er ist kulturell und ökologisch wertvoll, außerdem wird rund um den Fluss in Wasserwerken Strom erzeugt. Die acht daraus entstandenen Stauseen bieten aber nicht nur Energie, sondern auch Erlebnis, so wie der Lake Karapiro. Auf ihm fanden bereits zwei Weltmeisterschaften im Rudern statt. Man kann aber auch gemütlich Kayak fahren und dabei Sonderliches beobachten: Im Canyon von Pokaiwhenua leben unter freiem Himmel ebenfalls Tausende Glühwürmchen, die jede Taschenlampe überflüssig machen.

„Wai" steht übrigens für das maorische Wort Wasser. Waimarino, Waitomo, Waikato, Waiomio - die Höhlen und Canyons sind entstanden, weil sich unterirdisch fließendes Wasser über Jahrtausende hinweg durch die Kalksteine gekämpft hat und so beeindruckende Formationen geschaffen hat. Zusätzlich haben sich durch herabfallende Wassertropfen Stalaktiten und Stalagmiten gebildet. Dazwischen haben sich die blau leuchtenden Falter eingenistet, die wie ein astronomisches Kunstwerk die Decken schmücken.

Rund um die Glühwürmchen-Höhlen und Flüsse finden sich übrigens zahlreiche Zoos, die in Neuseeland für ihre Kiwis bekannt sind – und zwar nicht für die braunschaligen Früchte, sondern für die gefiederten Laufvögel – das Nationalsymbol Neuseelands.

REISEPLANUNG & PREISE

Waitomo: Abfahrt täglich jede halbe Stunde, ca. € 35, Dauer ca. 45 Minuten, www.waitomo.com

Waimarino: Abfahrt täglich im Sommer gegen 19 Uhr, im Winter gegen 16 Uhr, ca. € 90 für 3 bis 4 Stunden, www.waimarino.com

Te Anau: Abfahrt tagsüber und nachts möglich, ca. € 55 für 2,5 Stunden, www.realjourneys.co.nz. Kinder fahren oft gratis mit.

BESTE REISEZEIT

Ganzjährig.

16 Der Zoo ohne Zäune

Nur unweit vor der Australischen Hauptstadt Adelaide liegt Kangaroo Island. Die Insel, von den Einheimischen nur knapp „KI" genannt, ist weltweit bekannt als der „Zoo ohne Zäune". Es heißt, für jeden Buchstaben gäbe es hier mindestens ein Tier: vom Ameisenigel und den Beuteldachsen, über Kängurus und Koalas, Pinguine, Robben und Seelöwen, Schlangen, Opossums, bis hin zu Wallabies und Waranen. Wie es zu dieser bunten Tiermischung kam? Ganz einfach. Vor etwa neuntausend Jahren hat sich die Insel vom Festland gelöst. Als um 1920 eingeführte Kaninchen, Füchse und verwilderte Hauskatzen auf dem Festland immer mehr Schaden im einheimischen Tierreich anrichteten, entschied sich die Regierung, die gefährdeten Tiere auf die Insel umzusiedeln. Heute ist sie ein Paradies für Fell-, Feder- und Pelzträger aller Art. Zwischen steilen Felsklippen, Höhlen und einsamen Stränden leben in versteckten Buchten mittlerweile rund fünfzehntausend Koalabären, vierhunderttausend Kängurus und knapp dreißigtausend Robben auf und um Kangaroo Island. Dazu gesellen sich

Kakadus, Pelikane, Pinguine und Echidnas, die aussehen wie eine Mischung aus Igel, Schnabeltier und Kiwi.

Das meistgesuchte Lebewesen Australiens ist immer noch der Koala. Wer ihn live erleben möchte, ist auf Kangaroo Island richtig, braucht aber Geduld und gute Augen und bestmöglich einen Tourguide, der eine nächtliche Exkursion begleitet. Die meist nachtaktiven Tiere sitzen hoch oben in den Eukalyptusbäumen und fressen oder schlafen. Während anderswo der Koala durch immer größere menschliche Siedlungsräume vom Aussterben bedroht ist, bestand auf Kangaroo Island sogar die Gefahr, dass sich zu viele Tiere die Futterquellen gegenseitig vernichten. Deshalb wurden viele Tiere im Rahmen des Koala-Management-Programms sterilisiert, um so den Bestand zu schützen.

Kängurus sieht man hingegen fast überall auf der Insel. Vor allem in der Abenddämmerung springen sie zur großen Freude der Besucher lebhaft durch ihr Freiluft-Wohnzimmer. Mit Glück führen sie sogar ein Kämpfchen vor: Zuerst rangeln sie spielerisch mit ihren kurzen Vorderpfoten und geben dabei leise Geräusche von sich, manchmal springen sie zurück, federn sich mit ihrem starken Schwanz ab und treten sich gegenseitig wie zwei Profikickboxer mit den starken Hinterläufern. Manchmal rangeln sie auch auf dem Boden weiter und wälzen sich im Gras. Dabei können sie ausdauernder sein als so mancher Zuschauer. Die meiste Zeit jedoch beschäftigen sich Kängurus friedlich damit, auf natürliche Weise den Rasen zu mähen - dabei sieht man sie oft in Kolonnen grasen.

Ein beliebter Platz, um die Kängurus zu beobachten, ist das ehemalige Farmland der Grassdale Station, die wunderbar zu Fuß zu erreichen ist. Übrigens ist der wissenschaftliche Name für Kängurus „Macropodidae". Das stammt aus dem Griechischen und steht für „großer (macrós) Fuß (podós)". Die größten Exemplare können über zehn Meter weit springen und erreichen Geschwindigkeiten von fünfzig Kilometer pro Stunde.
Touristen finden auf Kangaroo Island übrigens ein wunderbares Mitbringsel: Kangaroo Island ist nämlich seit 1881 Bienenschutzgebiet und berühmt für seinen Honig, der seine Würze den vielen Eukalyptusbäumen verdankt. Um zu kosten und zu genießen, bietet sich das jährlich im Februar stattfindende KI Festival, das Schlemmerfest der Insel an. Aber auch außerhalb dieser Veranstaltung kann man in den meisten Bars und Restaurants den süßen Honig kosten.

REISEPLANUNG

Kangaroo Island erreicht man von Adelaide mit der Fähre in fünfundvierzig Minuten oder per Flugzeug zum Inselflughafen Kingscote. Wichtig: Nicht alle Autovermietungen vom Festland erlauben die Überfahrt nach Kangaroo Island. Informationen findet man auf den deutschen Websites www.australien.info.de oder www.kangarooislandvisitorguide.com. Geführte Touren bucht man über www.tourkangarooisland.com.

BESTE REISEZEIT

Die beste Zeit, um Flora und Fauna zu erleben, ist von September bis November. Zwischen Dezember und Februar ist die Brutzeit der Kängurus.

PREISE

Schiffstransfer von Adelaide nach Kangaroo Island und zurück ab ca. € 35 pro Person, Autos ca. € 100. Unterkünfte findet man auf der Insel vom günstigen Buschcamp bis hin zu Luxus-Resorts.

17 Höcker in Hektik

Der Sand wirbelt durch die Luft, als würde ein Sturm durch die Wüste jagen. Die Hand vor Augen ist kaum zu sehen. Aber man spürt den Boden beben, wenn Dutzende Hufe und Höcker im Renntempo über den Sand fegen. Die Motoren der Wüstenfahrzeuge sorgen dazu für Lärm. Es geht rasant zu in der Wüste Sinai.

Zwischen Asien und Afrika, auf der Sinai-Halbinsel, findet jedes Jahr am 10. Januar ein traditionelles Kamelrennen statt. Wer ist der Schnellste im ganzen Land? Die Beduinenstämme Tarabin und Mzaina sorgen so für ihre eigene Unterhaltung – und für die Erhaltung alter Traditionen. Besucher, die sich hierhin wagen, sind gerne gesehen.

Für die Kamele dauert die Fahrt in die Wüste oft mehrere Stunden. Mit dem Gewicht der Tiere auf der Ladefläche macht der weiche Sand es auch Geländefahrzeugen schwer, zügig vorwärts

zu kommen. Deshalb reisen die meisten der rund dreißig Kamelbesitzer samt Tierpflegern und Vierbeinern schon am Abend vor dem Rennen an den Austragungsort und verbringen die Nacht im Freien, obwohl es nach Sonnenuntergang bitterkalt wird. Freunde und Verwandte der ansässigen Beduinen aus den umgebenden Städten Dahab oder Sharm-El Sheikh kommen gerne zum Zuschauen und Anfeuern. Am nächsten Morgen kommt schon vor Sonnenaufgang freudige Unruhe auf. Das Rennen soll beginnen, bevor die sengende Hitze wieder auf den goldgelben Sand brennt.

Die als sensibel geltenden Kamele, die natürlich die allgemeine Aufregung spüren, werden mit Streicheleinheiten beruhigt, bevor es losgeht. Während des Wettkampfes sitzt ein Jockey auf dem Kamel – oft ein schmächtiger Tierpfleger oder ein Junge von acht oder zehn Jahren. Je leichter, desto besser. Der Sattel ist für das Rennen ebenfalls leicht, um möglichst viel Gewicht einzusparen. Während das Kamel im Passgang, das heißt abwechselnd mit dem linken und rechten Beinpaar, versucht, die Konkurrenz zu überholen, wird der Reiter oben ordentlich hin und her geschaukelt. Mit einem dünnen Stock treibt er sein Tier an und weist ihm die Richtung. Bis zu sechzig Stundenkilometer schafft ein Kamel auf seinem Wüstenrennen.

Um möglichst viel von diesem tierischen Spektakel mitzubekommen, rasen Jeeps und Pick-Ups neben der Karawane her und buhlen um den besten Platz. Für die Fahrer, die ihre Ladeflächen in der Regel mit Publikum voll besetzt haben, ist das eine eigene kleine Rallye. Lautstark wird das favorisierte Kamel angefeuert. Über eine Stunde geht es durch die Wüste. Das Ziel ist etwa zweiundzwanzig Kilometer vom Start entfernt. Dort werden Kamele, Reiter und das Publikum erwartet. Der Gewinner erhält nicht nur Ruhm und Ehre, sondern auch einen Geldpreis und natürlich einen Pokal für das heimische Regal.

Weitere Kamelrennen gibt es in Nuweiba (jedes Jahr am 19. März) und in Wadi Zalaga (jedes Jahr am 6. Oktober). Beide Orte sind etwas leichter zu erreichen.

Größere Rennen finden in El-Arish im Norden der Sinai-Wüste und im für Touristen gut erreichbaren Sharm-El Sheikh statt. Die modernsten Rennen gibt es vermutlich in Abu Dhabi. Hier finden von Oktober bis April Kamelrennen im Rahmen des Camel Race Festivals statt. Hauptsächlich starten hier Zuchttiere, die ganzjährig auf Laufbändern trainiert werden und zur Belohnung sogar hin und wieder ein Vollbad im Spezial-Pool bekommen. Anstelle von Jockeys „sitzen" auf dem Rücken der Tiere nur noch GPS-Geräte und eine elektrische Peitsche, steuerbar per Fernbedienung. Die Strecke erinnert an eine Rennbahn, Scheiche werden im klimatisierten Wagen nebenher kutschiert. Wer nicht dabei sein kann, schaut sich die Rennen im Fernsehen an, denn die lokalen Sender übertragen live. Kamelrennen sind eben ein echter Nationalsport. Und selbstverständlich Männersache. Touristinnen und Touristen sind aber als Zuschauer gestattet. Und bei den Beduinen der Stämme Tarabin und Mzaina sogar herzlich willkommen.

REISEPLANUNG

Abgesehen von Abu Dhabi und Sharm El Sheik sind kleinere Austragungsorte schwierig zu erreichen. Wer ein traditionelles Rennen eines Beduinenstammes besuchen möchte, kommt über die nationalen Touristenbüros weiter. Kontakte zu Einheimischen und etwas Abenteuerlust helfen. Informationen unter www.wuestenmeditation.de oder www.egypt.travel.

BESTE REISEZEIT

Wadi Zalaga: Januar
Nuweiba: Oktober und März
Abu Dhabi: Oktober bis März

PREISE

Meist zwischen ca. € 40 und € 80.

18 Affen-Show im Dschungel

Gut gelaunt lassen sie ihre langen pelzigen Arme hängen und gucken in die Luft. Aber bevor man sich versieht, sind sie auch schon wieder weg. Sie springen problemlos zehn Meter von Ast zu Ast und tänzeln wie Artisten über dünne Baumstämme. Gibbons werden auch als kleine Menschenaffen bezeichnet und sie sind sehr lebhaft. Sie können aber nicht nur hüpfen und schwingen, sondern auch singen. Nach Untersuchungen der Kyoto Universität in Japan ähneln Technik und Anatomie sogar menschlichen Sopransängern.

Das „Lied" der Gibbons klingt ein bisschen wie eine Mischung aus Alarmanlage, Eule und Feuerwehrsirene - und doch irgendwie schön. Rund fünfzehn Minuten geben sie davon täglich preis, danach ist wieder Ruhe im Wald, und die Tiere schwingen mehr oder weniger

lautlos von Ast zu Ast. Ihr wissenschaftlicher Name „Hylobatidae" bedeutet soviel wie Waldgänger. Die Tiere sind tagsüber aktiv und werden bis zu fünfunddreißig Jahre alt.

Viele Gibbon-Arten sind heute gefährdet, darunter auch die Gelbwangen-Schopfgibbons. Im Cat-Tien-Nationalpark in Vietnam leben noch ein paar dieser kleinen Affen. Sie kann man als Besucher am besten zwischen Dezember und Februar beobachten, wenn die Regenzeit vorüber ist.

Jeden Morgen um fünf Uhr findet eine Gibbon-Tour statt. Eine Reservierung vorab ist sinnvoll, weil die Gruppen auf maximal vier Leute beschränkt sind. Mit einem erfahrenen Guide geht es querfeldein in den Dschungel, und wer genug Geduld mitbringt, bekommt die Gibbons tatsächlich zu sehen und zu hören. Wer mehr möchte als Zugucken, der kann auch mit anpacken. Drei Wochen lang dürfen Freiwillige hier helfen, eine Menge lernen und etwas zum Artenschutz der Gibbons beitragen. Fünf Tage lang geht es um Primatenpflege, fünf Tage um Erziehung und fünf Tage um Regeneration und Waldschutz. Allerdings dürfen die Gibbons zu keiner Zeit angefasst werden – weder vom Stammpersonal, noch von Freiwilligen oder Besuchern. Die Tiere werden hier gepflegt, um später möglichst wieder in die freie Wildbahn

ausgesetzt zu werden. Menschliche Berührungen sind deshalb kontraproduktiv. Wenn die Gibbons übrigens nicht gerade schwingen und singen, sind sie meist mit Fressen beschäftigt. Frische Früchte und saftige Blätter sind ihre Leibspeise. Danach wird stilecht gefaulenzt: Gibbons lieben Hängematten.
Da während des Vietnamkriegs viele Regenwaldflächen zerstört wurden, gehört der Cat Tien Nationalpark seit 2001 zu den Unesco Biosphärenreservaten. Gegründet wurde der Park 1978 und umfasst heute eine Fläche von fast dreiundsiebzig Hektar. Nach der morgendlichen Tour können Besucher sich etwas veraltete Räder mieten oder wandern gehen, z.B. zum Krokodil-See oder zum traditionellen Longhouse der Einheimischen.

REISEPLANUNG

Von Saigon aus fährt man rund fünf Stunden mit dem Bus entlang großer Kautschuk- und Kaffeeplantagen bis zum Cat Tien Nationalpark. Die Fahrt durch die Landschaft entschädigt für die zum Teil bescheidene Infrastruktur. Wer es bis nach Tan Phu geschafft hat, kann die restlichen fünfundzwanzig Kilometer im Taxi zurücklegen. Infos unter www.cattiennationalpark.vn. Alternativ bucht man eine Tour über eine Reiseagentur.
Täglich um 8.30 Uhr und um 14 Uhr finden zweistündige Parkführungen statt. Wer speziell die Gibbons sehen möchte, sollte über das offizielle Cat-Tien-Tourismus-Büro buchen: namcattien@yahoo.com.vn. Die Schutzbehörde warnt vor illegalen Touranbietern. Die Freiwilligenprogramme über mehrere Wochen bucht man unter www.go-east.org.

BESTE REISEZEIT

Vietnam: In der Trockenzeit von Oktober bis Mai
Cat Tien Nationalpark: Dezember bis Februar

KOSTEN

Das Tagesticket für den Park kostet ca. € 2, die Teilnahme an einer Gibbon-Tour mit Bootsfahrt ab ca. € 40.

19 Auge in Auge mit dem Eisbär

Flauschig sehen sie aus, und so schön weiß. Aber sie sind keine Kuscheltiere, sondern sehr gefährlich. Eisbären, die Bewohner der Arktis, sind und bleiben Raubtiere. Sie werden bis zu drei Meter groß, packen ihre Beute mit riesigen Pranken. Trotz ihrer Masse schleichen sie sich sanft und leise an Robben und größere Vögel heran, perfekt getarnt zwischen Schnee und Eis. Da keine natürlichen Feinde ihnen das Leben schwer machen, präsentieren sie sich recht unerschrocken und nähern sich sogar Tundra-Fahrzeugen, in denen neugierige Touristen sitzen. In der kanadischen Provinz Manitoba sind fast eintausend Eisbären an der westlichen Hudson Bay zu Hause. Fast so viele wie es hier Einwohner gibt. Deshalb nennen die Kanadier diese Gegend auch gern die Eisbär-Hauptstadt der Welt. An der Küste der Hudson Bay spürt man die Arktis: Ein eisiger Wind lässt die Winter-Temperaturen um dreißig Grad unter Null

noch kälter erscheinen. Den weißen Königen machen die Minusgrade nichts aus: Eine dicke Fettschicht unter dichtem Fell schützt sie. Die Sonne wird von der dunklen Haut unter dem weißen Pelz trotzdem aufgenommen und wärmt zusätzlich. Eisbären machen keinen Winterschlaf, sie jagen und fressen das ganze Jahr über und legen dabei tausende Kilometer zurück. Mit ihrem ausgeprägten Geruchssinn erschnuppern sie den feinen Duft eines Seehundes auf dreißig Kilometer Entfernung und durch einen Meter dickes Eis. Fällt die Eisschicht einmal eher spärlich aus, fahren sie einfach ihren Stoffwechsel herunter und sparen Energie. Vor allem für Weibchen, die ihre Jungen säugen, ist das oft lebenswichtig, denn die Futtersuche ist trotz ihrer beeindruckenden Fähigkeiten alles andere als einfach.
Am Leben der Eisbären dieser Welt lässt sich der Klimawandel deutlich ablesen: Mit dem langsamen, aber stetigen Abschmelzen der Gletscher schmilzt der Jagdraum für die Tiere buchstäblich in sich zusammen. Meeresverschmutzung und die ständig zunehmende Schifffahrt sind weitere Probleme, die vor allem die jungen Bären hart treffen. Deshalb gelten Eisbären inzwischen als gefährdete Tiere. Bei der Weltnaturschutzorganisation IUCN fürchtet man, dass ihr Bestand in den nächsten vier Jahrzehnten um dreißig Prozent schrumpfen wird. Nicht nur deshalb ist eine Eisbären-Safari ein einzigartiges Erlebnis.

REISEPLANUNG

Schon der Weg an die Hudson Bay ist ein kleines Abenteuer: Keine Straße führt dorthin, der einzige Zug braucht anderthalb Tage. Schneller geht es mit dem Flugzeug. Von Manitobas Hauptstadt Winnipeg fliegt man in drei Stunden nach Churchill an der Bay. Dann geht es mit dem Tundra-Fahrzeug in die Arktis. Die besten Monate für eine Safari sind Oktober und November, wenn hunderte Eisbären von ihren Sommerrevieren in der Tundra am Ufer der Hudson Bay warten, bis das Wasser zufriert, um über die Eisschollen Richtung Norden zu ziehen. Vom Tagesausflug bis zum Camp in der weißen Wildnis ist alles möglich. Seriöse Touranbieter findet man unter www.everythingchurchill.com und www.travelmanitoba.com.

BESTE REISEZEIT

Winter-Safaris finden im Oktober und November statt, Sommer-Safaris im Juli und August.

PREISE

Ein Tagesausflug inkl. Flug von Winnipeg nach Churchill kostet ab ca. € 960, fünf Tage all inklusive ab ca. € 2.900.

20 Konzert der Wale

Sprechen Sie Walisch? In Grönland ist Walisch nach der offiziellen Amtssprache Kalaalisut, der Sprache der Inuit, und den beiden Fremdsprachen Dänisch und Englisch wohl die vierte praktizierte Sprache des Landes. Denn hier vor der Küste der größten Insel der Welt leben Wale. Finnwale, Zwergwale, Grönlandwale und die bekannten Buckelwale. Und alle singen.

Buckelwale sind nicht nur dafür bekannt, dass sie trotz ihrer Größe und ihres enormen Gewichtes kunstvoll durch die Luft springen, sondern auch dafür, die längsten und vielfältigsten Lieder der Tierwelt zu singen. Die Meeresforscherin Kate Stafford von der University of Washington hat zusammen mit ihrem Team innerhalb weniger Monate sechsundsechzig verschiedene Melodien von singenden Walen mit Unterwassermikrofonen aufgezeichnet. Bis zu einer halben Stunde dauern die Abfolgen von Pfiffen, Schreien und Ruflauten, eingeteilt in Verse und Themen. Vermutlich singen die Männchen so gut sie können, um sich für

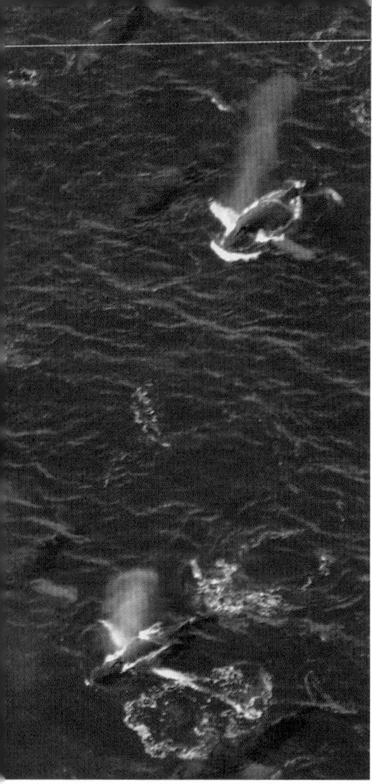

die Weibchen attraktiv zu machen. Möglicherweise aber auch nur zu Unterhaltungszwecken. Der ungewöhnliche Gesang lockt Touristen aus aller Welt an, die an organisierten Walbeobachtungen teilnehmen können. Da vor allem Buckelwale recht gemächliche Schwimmer sind und sich selten mit mehr als sieben Stundenkilometern durch die Gewässer bewegen, kann man sie besonders häufig antreffen. Oft nähern sie sich einem Schiff sogar aus purer Neugier. Diese Eigenschaft hat die Buckelwale jedoch schon vor Jahrhunderten zu einem leichten Fang gemacht. Walknochen dienten bei den Inuit, dem Urvolk der Antarktis, als Gerüst für kleine Boote, die als „Qajaq" bezeichnet wurden, unsere heutigen Kajaks. Im frühen 20. Jahrhundert wurden Buckelwale großräumig rund um antarktische Walfangstationen gejagt. Nachdem die Bestände dramatisch gesunken waren, erließ die Internationale Walfangkommission IWC 1963 ein Verbot, so dass sich die Tiere wieder vermehren konnten. Trotzdem passieren immer wieder Unfälle mit Schiffen, Wale landen als Beifang in großen Fischernetzen und leiden unter Meeresverschmutzung und Klimaveränderungen.

Heute haben sich die Bestände vieler Wale wieder einigermaßen erholt. Dennoch sind Schutzorganisationen überaus aktiv, denn noch immer gilt Walfleisch in vielen Ländern als Delikatesse. Um bei einer Walbeobachtung nicht an die schwarzen Schafe der Tour-Anbieter zu geraten, sollte man als Besucher auf einige Dinge achten. So rät die Internationale Wal- und Delfinschutzorganisation WDC nur zu Anbietern, die wissenschaftlich forschen, Schutzprojekte mitfinanzieren und den Walfang entschieden verhindern. Ein jeder selbst ist dazu angehalten, keinen Müll ins Meer zu werfen, den Lebensraum der Tiere zu respektieren und auf keinen Fall dem Reiz der Exotik zu verfallen und Walfleisch zu kaufen. Der Import in die EU ist zudem strafbar. Eine friedliche Unterstützung der Walbeobachtung ist laut WDC hingegen eine willkommene Aktivität.

Wale kann man das ganze Jahr über vor Grönlands Küsten beobachten. Manche Arten überwintern in der „arktischen Wüste“, wie zum Beispiel Grönlandwale. Der Grönlandwal kann mit seinem riesigen Schädel eine dicke Eisschicht durchbrechen, um zum Atmen aufzutauchen. Er wird bis zu achtzehn Meter lang und wiegt bis zu achtzig Tonnen. Seine zwanzig bis fünfzig Zentimeter dicke Fettschicht ermöglicht ihm den Aufenthalt im Eiswasser. Dass er soviel Fett anlagern kann, liegt am Futterreichtum in den Gewässern Grönlands: Bunte Fischschwärme, Plankton, kiloweise Krill und köstliche Krustentiere schwimmen ihm täglich vor das Maul. Die Wale verschlingen alles, was zu haben ist und pressen das Wasser wieder aus.
Der Buckelwal zieht zur Überwinterung allerdings wärmere Gewässer vor. Sein wissenschaftlicher Name „Megaptera novaeangliae“ bedeutet übrigens soviel wie „großer Flügel Neuenglands“, weil die Brustflosse an einen Flügel erinnert und diese Walart erstmals zwischen Neuengland an der Ostküste der USA und Grönland gesehen wurde.

Wer vor einer Reise nach Grönland gerne ein paar Sätze Walisch lernen möchte, findet auf der Seite www.be-their-voice.com eine Anleitung dafür. Einfach eine nette Begrüßung für die Tiere einfallen lassen, eintippen und nachsprechen. VieeEEeeeEllLlL EeeRrrfffFoolG!

REISEPLANUNG

Zahlreiche Tourenveranstalter arrangieren Walsafaris, unter anderem in Nuuk, Qeqertarsuaq und Aasiaat. Informationen unter www.greenland.com. Die Regeln für Walbeobachtung findet man unter www.whales.org

BESTE REISEZEIT

Im grönländischen Sommer, also zwischen Mai und August. Im Winter ist die Chance auf Wale-Watching kleiner, dafür locken als Ersatz Schnee-Scooter, Fahrten mit dem Hundeschlitten oder Eisangeln.

PREISE

Tagesausflüge ab ca. € 135.

21 Vor dem Barbecue wird noch geplantscht

Sie grunzen und strampeln und wollen fressen. Zielstrebig schwimmen die rosa und braun getupften Rüsseltiere die Boote an, die voll besetzt mit neugierigen Touristen die Big Major Cay ansteuern. Sie ist unbewohnt, zumindest von Menschen, gehört zu der Exuma-Inselgruppe und hinterlässt bei allen Besuchern bleibenden Eindruck, denn das kristallklare Wasser ist nicht nur wunderschön, sondern die wohl auch größte natürliche Badewanne für Meeresschweine. Nicht zu verwechseln mit Meerschweinchen. Gemeint sind echte Hausschweine. Vor dem puderzuckrigen Sandstrand, dem Big Major Spot, leben vornehmlich Riesenrochen

und köstliche Conchas. Aber diese beliebten Fotoobjekte haben Konkurrenz bekommen: dickbäuchige Borstentiere, die im Wasser paddeln, als gäbe es kein Morgen mehr. Wirklich elegant sehen sie dabei zwar nicht aus, aber trotzdem sind sie süß.
Rund zwanzig Schweine bewohnen die Insel – je nach Nachwuchs mal mehr, mal weniger. Sie sind groß und irgendwie immer hungrig. Am liebsten mögen sie Obst und Gemüse. Wer mit den Schweinen schwimmen will, tut das auf eigene Gefahr. Die Tourismusbehörde betont, dass es sich nicht um dressierte Schweine handelt, sondern um wildlebende Tiere. Sie sind an Futter interessiert, nicht an Fotos. Auch wer sie aus dem Boot heraus füttert, sollte auf seine Hände aufpassen. So niedlich sie sind, sie können ordentlich zubeißen. Sind sie dann satt, verziehen sich die Vierbeiner an ein schattiges Plätzchen auf der Insel und genießen das karibische Leben. Faulheit statt Formationsschwimmen, heißt dann das Motto, um die mühevoll angefressenen Energiereserven nicht beim Sport zu verschwenden."
Aber wie sind die Schweine auf die Insel gekommen? Dazu existieren diverse Theorien. Eine lautet, dass Segler sie ausgesetzt und niemals wieder abgeholt haben. Weil aber immer wieder Boote zur Insel kamen, gab es immer Futter, und die Schweine konnten sich fröhlich fortpflanzen. Eine andere Theorie besagt, dass einmal Menschen auf der Insel gelebt haben, die sich Hausschweine hielten. Als sie die Insel verließen, haben sie die armen Säue zurück gelassen. Theorie Nummer drei lautet, dass die Schweine bei einem Sturm vom Schiffsdeck gespült wurden und sich nach Big Major Cay retten konnten. Tatsächlich wahr ist aber, dass die Schweine einem Farmer am anderen Ende von Big Major Spot gehören. Und sie dienen, wie die meisten Schweine, als deftiges Grillgut für karibische Barbecues.

Einige Inseln der Bahamas gehören übrigens Stars wie Nicholas Cage, Johnny Depp, Faith Hill und David Copperfield. Außerdem kennt man einige Szenerien vielleicht schon aus dem Kino. Teile von *Fluch der Karibik* und James Bond´s *Thunderball* wurden auf den Bahamas gedreht. Die Staniel Cay Thunderball Grotte ist ein beliebtes Ausflugsziel.

REISEPLANUNG

Die Exuma Islands sind ein Inselarchipel, bestehend aus rund 365 paradiesischen Sandbänken und Inseln, die zu den Bahamas gehören. Die Hauptstadt Nassau liegt etwa 50 Kilometer nordwestlich. Von dort aus sind Ausflüge möglich, die aber mehrere Tage in Anspruch nehmen können. Von der heutigen Hauptinsel Great Exuma dauert die Fahrt mit dem Boot zum Pig Beach pro Strecke etwa drei Stunden und ist damit ein Ganztagesausflug. Viele lokale Reiseagenturen und Hotels bieten Gruppenausflüge an, Informationen gibt es beim örtlichen Touristenbüro (Tel 1-242-336-2430). Weitere Informationen auf www.bahamas.de.

BESTE REISEZEIT

Ganzjährig. Kühlere Monate sind Dezember bis März, heißeste Monate Juni bis September. Die Exumas sind von Hurricans nur selten betroffen und die Schweine lieben das warme Wetter.

PREISE

Tagesausflüge kosten ab ca. € 120. Touren mit überregionalen Anbietern inkl. Verpflegung ab ca. € 280, private Bootcharter ab ca. € 1.250.

22 Nachtwanderung mit Schildkröten

Ein karibisches Wohnzimmer mit Meerblick: Tamarindo ist ein altes Fischerdorf am Pazifik, umgeben von Nationalparks auf der Halbinsel Nicoya. Surfer und amerikanische Dauergäste haben den wenigen Straßen in den letzten Jahren Flair verpasst: eine Mischung aus Hippie-Style, Reggea-Feeling und paradiesischer Strandatmosphäre. Im Osten erheben sich grüne Bergketten und im Süden wabern Wolkenschwaden, die bei Sonnenuntergang in allen erdenklichen Rottönen leuchten. Wer die bebauten Straßen mit dem lokalen Bus oder einem der bunten Taxis verlässt, findet sich in der unendlichen Weite Mittelamerikas wieder.
Die Natur hat es in der Provinz Guanacasta aber noch besser gemeint. Nicht nur Reisende aus aller Welt kommen gerne hierher, auch tierischen Besuch gibt es regelmäßig. Nicht umsonst heißt Costa Rica übersetzt „reiche Küste". Jedes Jahr pilgern tausende Schildkröten-Weibchen an die Strände, sobald es dunkel wird, buddeln tiefe Löcher in den Sand und legen dort ihre Eier hinein. Diese Prozedur dauert oft mehrere Stunden. Erst muss ein perfekter Platz gefun-

den werden, dann wird mit den Hinterflossen ein tiefer Schacht ausgehoben, bevor die Eier hineingelegt und schließlich wieder mit Sand bedeckt werden.

Dieses Ereignis zu beobachten, ist ein kleines Abenteuer. Wer nicht dem Zufall, zur richtigen Zeit am richtigen Ort zu sein, trauen möchte, kann sich einer geführten Exkursion anschließen. Mitarbeiter privater Schutzprojekte bieten Ausflüge zu den Stränden Playa Grande, Playa Langosta und Playa Marino an. Alles, was man braucht, ist ein wenig Geduld und Mückenschutz. Und natürlich gilt es zum Wohl der Tiere einige Regeln zu beachten. Um eine Schildkröte beobachten zu können, ohne sie zu stören, klären Nationalparkhelfer vor Ort Einheimische und Besucher auf. Die Parks selbst bieten den Tieren zwar Schutz, locken aber natürlich auch viele Menschen an, die nicht immer rücksichtsvoll sind.

Nur sieben Arten schwimmen noch durch die Ozeane unserer Erde. Sie sind echte Naturwunder, haben das Skelett, ihren starken Panzer, außen statt innen. An Stelle von Zähnen besitzen sie einen Kiefer, der funktioniert wie ein scharfes Papiermesser und sie können stundenlang ohne einen Atemzug im Wasser bleiben. Um sich fortzupflanzen, kommen die Riesen an Land und legen ihre Eier im Sand ab. Diese Massenankünfte werden in Tamarindo „Arribadas" genannt. Eine Mutterschildkröte kommt sechs bis sieben Mal pro Saison an Land und legt etwa fünfzig bis achtzig Eier. Dann kehrt sie zurück ins Wasser. Ihre Kinder holt sie nicht ab. Nach siebenundvierzig bis fünfzig Tagen schlüpfen die Kleinen. Die Temperatur des Sandes bestimmt, ob es Männchen oder Weibchen werden. Schildkröten haben viele natürliche Feinde: Waschbären, Koyoten und Greifvögel fressen gerne die Eier. Schaffen die Babyschildkröten es ins Wasser, müssen sie sich vor Tintenfischen und Haien in Acht nehmen. Im Schnitt überleben zwei von eintausend neugeborenen Schildkröten.

Häufig werden die Eier von Einheimischen gestohlen, die sie für ein paar Dollar verkaufen oder selbst trinken. Die Menschen auf der Halbinsel Nicoya gehören zu denen mit der höchsten Lebenserwartung weltweit und glauben fest an den Mythos, rohe Schildkröteneier seien ein Aphrodisiakum und wirkten lebensverlängernd. Allerdings ist das Entnehmen der Eier streng verboten – außer am Strand von Ostional. Dort dürfen die Anwohner die Eier in den ersten vierundzwanzig Stunden der Ankunft aus den Nestern nehmen, da die später ankommenden Schildkröten die Gelege ihrer Vorgängerinnen oft versehentlich zerstören. Seitdem es diese Regelung gibt, so heißt es, schlüpfen wieder mehr gesunde Schildkrötenbabys.

REISEPLANUNG

Die nächtlichen Exkursionen kann man zum Beispiel über www.tamarindoexplorer.com buchen. Viele Hostels und Hotels bieten ebenfalls Exkursionen an oder arbeiten mit den lokalen Schildkröten-Organisationen zusammen.

BESTE REISEZEIT

Die grüne Pazifikschildkröte und die Suppenschildkröte sind während der Trockenzeit aktiv (Mitte Oktober bis Mitte Februar), die Lederschildkröte während der Regenzeit (Mitte Februar bis Mitte Oktober).

PREISE

Geführte Nacht-Exkursionen ab ca. € 25.

3 Ja, Bewegung macht glücklich. Sport, auch für Unsportliche

23 Die perfekte Arschbombe

Abspringen, eintauchen, lossprudeln! Das ist die Aufgabe beim Splashdiving, zu Deutsch „Spritzwassertauchen“. Man könnte es auch umgangssprachlich einfach „Arschbombenspringen“ nennen. Was einfach klingt, kann aber durchaus als anspruchsvolle Art des Kunstturmspringens ausgeübt werden. Der Unterschied: Während die Athleten beim Kunstturmspringen so wenig Spritzwasser wie möglich verursachen möchten, geht es beim Splashdiving um soviel Wasserverdrängung, Fontänen und Krach wie möglich. Hier nur als Zuschauer anzutreten, lohnt sich nicht. Trocken bleibt sowieso keiner.

Splashdiving ist nicht nur ein riesiger Spaß, sondern ein anerkannter Sport, der schon im 17. Jahrhundert auf Hawaii praktiziert wurde. Hierzulande springt man meist in Frei- oder Hallenbädern von Ein- bis Zehn-Meter-Türmen. Vom normalen Sprung mit den Füßen voran bis zum dreifachen Salto ist alles möglich. Aber für Anfänger gilt: Splashdiving erfordert Körperspannung und Köpfchen. Wer eine ordentliche Arschbombe hinlegen will, muss nämlich auch ein wenig rechnen können. Beispiel:

Bei einem Sprung vom Zehn-Meter-Turm erreicht man eine Geschwindigkeit von etwa fünfundvierzig Kilometer pro Stunde. Je nach Sprung ergibt sich daraus die Zeit für die Ausführung der Drehungen. Die klassische „Arschbombe" kennen Kunstspringer in zwei Ausführungen: als „Anker", bei dem man ein Bein an die Brust zieht, und als „Canonball", also ähnlich einer Kanonenkugel, mit zwei angezogenen Beinen.

Bei den Wettkämpfen wird nach Höhe und Schwierigkeit bewertet. Insgesamt gibt es dreizehn Möglichkeiten, den Sprung auf dem Wasser zu landen, das ist dann der sogenannte Splashdown. In der Luft können die Springer den Schwierigkeitsgrad durch Schrauben und Saltos erhöhen. Das wird wie beim Turmspringen mit Noten von Null bis Zehn bewertet, mit dem Schwierigkeitsfaktor multipliziert, um dann die Punkte zu errechnen. Die „gemeine Arschbombe" bringt zwar nicht viele Punkte vom Kampfrichter, dafür ist der Spaßfaktor ungemein hoch. Das gilt auch für Sprünge wie das „offene Brett" – dabei ist der Oberkörper aufgerichtet, die Beine sind parallel zur Wasseroberfläche und leicht gespreizt. Auch die „kleine Katze" und die „Kartoffel" sorgen für hohe Wasserfontänen und Staunen bei den Zuschauern.

Wer jetzt ein breites Grinsen auf seinem Gesicht findet, meldet sich vielleicht für ein Probetraining oder einen Workshop an. In den deutschen Splashdiving-Landesverbänden freut man sich über Interessierte. Trainiert wird in der Regel an den Wochenenden, im Winter in Hallenbädern, von Mai bis September auch im Freibad. Einmal im Jahr, meistens Mitte August, finden in Deutschland Splashdiving-Meisterschaften statt. Zuschauer sind immer willkommen.

REISEPLANUNG

Informationen zum Arschbomben-Training in Deutschland findet man bei den Landesverbänden, zum Beispiel unter www.arschbombe.de.
Splashdiving auf Reisen: www.splashdiving.com.

PREISE

Probetraining gratis. Vereinsbeitrag ca. € 10 pro Monat.

24 Spaß mit Matsche im Watt

Fünfzehntausend Quadratmeter purer Schlamm: In Brunsbüttel an der Elbe, hoch im deutschen Norden, wird jedes Jahr im natürlichen Matschpool an der Küste ein verrückter Wattkampf ausgetragen. Bei der weltweit einzigartigen „Watt-Olümpiade" klingt eine Disziplin schöner als die andere. Ob beim Watt-Fußball, Watt-Volleyball, Watt-Handball oder Schlickschlittenrennen – hier bleibt keiner sauber, dafür aber gerne mal im knietiefen Schlamm stecken. Das Watt bohrt sich durch Schuhe, Socken und bis in die letzte Pore des Körpers. Und wer in die Gesichter der Teilnehmer schaut, weiß sofort: Es macht einfach nur unglaublich viel Spaß, sich mal so richtig einzuschlammen und mitzuspielen. Nur zugucken geht natürlich auch – macht aber auch nur halb so viel Freude.

Die Veranstaltung dient übrigens einem guten Zweck. Initiiert wurde sie von dem Künstler Jens Rusch, der an Krebs erkrankt war und der mit den Spendeneinahmen im Rahmen der Veranstaltung Krebskranke und deren Angehörige unterstützen wollte. Mittlerweile ist das Ganze zu einem jährlichen Spektakel geworden, zu dem Teilnehmer aus ganz Europa anreisen, aus England, Spanien, Tschechien und teilweise sogar aus Übersee. Fast vierzig Teams mit je sechs bis zehn Spielern treffen sich so jedes Jahr an der Nordsee, treten zum Teil verkleidet als Nonnen, Wikinger oder Schlümpfe an und tragen Namen wie „FC Wattikan" oder „Stadtmatscha". Aber bevor es mit Volldampf in den Wattkampf geht, gibt es einen gebührenden Einmarsch, und es tönen Schlachtrufe aus allen Richtungen des Elbdeiches. Dort feuern Tausende Zuschauer lautstark die „Wattleten" an. Die tapen vor Anpfiff noch schnell ihre Schuhe fest, damit sie nicht im Schlamm verloren gehen. Manche schützen sich mit Schwimmbrille und Duschhaube. Sonstige Schutzmaßnahmen sind nicht nötig. Schließlich ist Watt sogar gut für die Haut. Die Schönheitsbehandlung gibt es also für Aktive inklusive.

Wer noch nie am einem Watt-Wettkampf teilgenommen hat, kann sich kaum vorstellen, wie unfassbar anstrengend er sein kann. Gut, dass ein Spiel nur sieben Minuten dauert. Die kurze Zeit jedoch ist dem Tidenhub geschuldet. Durch den Tidenwechsel alle sechs Stunden bleiben knapp vier Stunden Zeit, in denen das Watt „frei steht". Bevor das Wasser wieder steigt, müssen also alle Kämpfe beendet sein. Tapfere Teilnehmer freuen sich dann auf die kalte Dusche aus dem Feuerwehrschlauch, und natürlich auf die Goldmedaille. Oder ist sie doch eher schlickbraun?

REISEPLANUNG

Der Watt-Olümpiade-Verein hat seit 2004 mit dem „schmutzigen Sport für eine saubere Sache" rund 250.000 Euro gesammelt. Damit werden unter anderem Beratungsstellen für Krebspatienten und deren Angehörige in Brunsbüttel und Heide finanziert. Infos unter www.wattoluempia.de.

BESTE REISEZEIT

Die Spiele finden an einem Sonntag im Juli oder August statt, je nach Tidenkalender. Der Termin für die Watt-Olümpiade wird jeweils im Herbst des Vorjahres bekannt gegeben.

PREISE

Ca. € 25 für die Teilnahme als „Wattleten-Team" (für bis zu zehn Teilnehmer), Eintritt für Zuschauer ca. € 3.

PETZL

25 Klettern über dem Gardasee

„Der Himmel ist kein Ort, er ist ein Gefühl." Das sagt Christian Hessing, staatlich geprüfter Berg- und Skiführer und Kletterexperte in internationalen Gebirgen. Am Anfang müssen die Berge nicht einmal echt sein. In rund vierhundert öffentlichen Kletterhallen in Deutschland stehen unzählige Quadratkilometer künstlicher Wände und Felsbrocken zur Verfügung. Laut Deutschem Alpenverein DAV kommen jedes Jahr etwa zehn neue Hallen und zahlreiche Kletterneulinge dazu – Klettern boomt.

Im Kurs lernt man zunächst die Seile, Knoten, Karabiner und seine eigenen Fähigkeiten kennen. Mit speziellen Kletterschuhen, die ähnlich wie Formel-1-Reifen kein Profil, dafür aber gute Haftung besitzen, mit einem Sack Magnesia sowie gründlich aufgewärmten Muskeln geht es dann Schritt für Schritt „an die Decke". Wichtig sind vor allem feste Griffe, doch die eigentliche Kraft kommt aus den Beinen. „Schieben statt ziehen" ist das Motto, denn sonst machen die Arme schnell schlapp. In der Halle kann man also wetterunabhängig üben.

Wer die Grundlagen des Kletterns beherrscht, sollte unbedingt das berauschende Klettergefühl in freier Natur kennen lernen. Italien bietet am Nordufer des Gardasees einen der wohl schönsten Kletterfelsen in Europa mit Tour-Möglichkeiten für alle Könnensstufen. Der sicher eindrucksvollste Felsen in Arco ist der vierhundert Meter hohe Monte Colodri, den der geübte Kletterer auf schwierigen Routen erklimmt. Einfacher geht es über den Colodri-Klettersteig. Der Abstieg führt dann über einen Bergweg durch beschauliche Olivengärten und vorbei an Felsen mit Klettermöglichkeiten von zehn bis zwanzig Meter Länge in verschiedenen Schwierigkeitsgraden. Hier und an vielen anderen Felsen der Region werden regelmäßig Kurse für Anfänger und Fortgeschrittene durchgeführt.

Die Region bietet einige tausend Touren an über hundert verschiedenen Kletterfelsen rund um den nördlichen Teil des Gardasees. Wer nach dem Klettertag jeden Muskel spürt, weiß, was er geleistet hat und darf guten Gewissens das italienische Flair am See genießen.

REISEPLANUNG

Angebote für Touren findet man unter www.alpenverein.de/Bergsport und www.bergfuehrer.com.

BESTE REISEZEIT

Ganzjährig. Im Hochsommer wegen großer Hitze nicht empfehlenswert.

PREISE

Kletterkurse ab € 40 pro Tag inkl. Leihausrüstung.

GEHEIMTIPP: KLETTERTOUR AN DER ZUGSPITZE

Nach wie vor die größte Herausforderung für Muskeln, Technik und Ausdauer ist natürlich das Klettern im Gebirge. Noch ein Geheimtipp: Das Wettersteingebirge bei Garmisch-Partenkirchen verbirgt in einem Seitental der Zugspitze einen der weltweit besten Kletterspots. Im Oberreintal haben schon einige der weltbesten Kletterer ihre Spuren hinterlassen. Eine urige Selbstversorgerhütte, die Oberreintalhütte, ist der Ausgangspunkt zu den Klettertouren in allen Schwierigkeitsgraden und Kletterlängen. Vom Boulderareal bis hin zu Touren mit über 40 Seillängen ist alles zu haben. Das Oberreintal erreicht man in einer Wanderung von Partenkirchen durch die Partnachklamm. Ein lokaler Bergführer ist hier angeraten.

26 Die Nase knapp über der Piste

Auf einem Schlitten sitzen und den Berg hinunter düsen, ist nett. Bäuchlings auf einem Schlitten liegen und mit Volldampf abfahren, ist netter. Mit dem Bauch auf einem Luftkissen bergabwärts rasen, ist Airboarden. Wer Action liebt, sollte das probieren. Die Nase nur knapp über der Piste, geht es mit Tempo talwärts. Nichts für Angsthasen.

Airboards sind Luftkissenschlitten für den Schnee, ähnlich den Bodyboards für das Wasser. An zwei Griffen an der Oberseite hält man sich fest. Dann braucht man nur noch eine Piste, und schon kann es losgehen. Airboards können die berauschende Geschwindigkeit von bis zu einhundert Stundenkilometern erreichen. Am Anfang sollte man sich aber unbedingt mit langsamerem Tempo zufrieden geben. Lenken und Bremsen will geübt sein: Gelenkt wird durch Gewichtsverlagerung, und zum Bremsen lässt man die Füße schleifen oder, noch wirkungsvoller, lenkt das Board gegen den Berg. Helm und Protektoren sind selbstverständlich Pflicht.

Erfahrene Airboarder lassen bei ihrer Abfahrt natürlich keinen Hügel aus, um auch mal kurz abzuheben, und legen sich wie Rennfahrer in die Kurve – immer die anderen Airboarder im Blick, damit man keinen Crash verursacht. Unten angekommen, lässt sich das Airboard in einen Rucksack umbauen. Der wiegt nur drei Kilo und passt problemlos auf den nächsten Lift, so dass man kurz darauf schon wieder kopfüber die nächste Abfahrt in Angriff nehmen kann. Wer noch keine Airboard-Erfahrung besitzt, sollte einen Kurs belegen, um auf weniger steilen Hügeln das Bremsen und Steuern zu lernen. Etwa drei fröhliche Stunden dauert ein Anfängerkurs, danach kann man bereits auf eigene Faust ein paar Abfahrten machen. Wichtig ist die richtige Kleidung: Skianzug und Bergschuhe sind Pflicht, Handschuhe, Mütze und Skibrille ebenfalls.

Airboarder, die die Anfangsphase hinter sich haben, können im bayerischen Bad Tölz Tagestouren buchen. Die Kombination aus Schneewanderung den Berg hinauf und Airboarden hinunter verspricht Spaß, Anstrengung, Aussicht, Tempo, viel frische Luft – also alles, was einen Wintersportler glücklich macht. Nach gut fünfstündiger Tour darf man stolz auf sich sein. Dann ruft der Bauch vermutlich nach einer Liegepause und einer ordentlichen Brotzeit.

REISEPLANUNG

Der bayrische Veranstalter Snow and Raft bietet Airboard-Kurse für alle Könnensstufen an und ist vom Junggesellenabschied bis zum Schulausflug für jede Party offen. Ausgangspunkt ist das bayerische Lenggries, von dort geht es dahin, wo genug Schnee liegt.
www.airboard.com.

BESTE REISEZEIT

Bei guter Schneelage von Dezember bis März.

PREISE

Einsteigerkurse ab ca. € 50, Airboard-Tagestour ca. € 95 inklusive Material.

27 Drachen-Party am Strand

Wenn tausende Hunde, Drachen und Mickeymäuse gemeinsam in den Himmel fliegen, dann träumt man – oder man besucht gerade ein Drachenfest in Dänemark. Dort, wo der Wind kräftig weht, gucken Jahr für Jahr Touristen in die Luft und freuen sich am bunt getupften Himmel über Dänemarks schönen Stränden. Zahlreiche Drachenfeste bieten Gelegenheit zum Zuschauen und Mitmachen.

Das Internationale Kite Fliers Meeting Fanö ist das größte Drachenfestival dieser Art und weltweit das Mekka der Drachenflieger-Freunde. Alle erdenklichen Formen, Farben und Größen, verschiedenste Stoffe, lange Leinen, bunte Verzierungen und Drachen mit Augen, Nasen und Beinen treffen sich hier am Himmel und werden zu einem lebendigen Puppentheater über den Köpfen. Jedermann ist willkommen und darf seinen eigenen Drachen steigen lassen.

Das zweitgrößte Event ist das Kite-Festival auf der Insel Römö, veranstaltet vom Landeshauptverband der Drachenflieger in Dänemark. Dieses Festival existiert bereits seit fünfundzwanzig Jahren. Am ersten Wochenende im September verwandelt sich der flache, weitläufige Strand hier in einen bunten Nylonzirkus. Der Wind weht dann wie bestellt aus westlicher Richtung direkt von der Nordsee und pustet die Tiere und Phantasiefiguren bedächtig in die Höhe. Erreichen kann man die Insel über einen langen Damm oder per Fähre von Sylt.
Aktive Drachenfans sind in Hirtshals und Skagen ganz im Norden Dänemarks gut aufgehoben. Hier werden zusätzlich Workshops angeboten, um eigene Ideen umzusetzen. Normalerweise im windigen September heißt es dann also erst einmal selbst kreativ zu sein. Alles, was man dafür braucht sind eine Schere, ein paar Nägel, Holzstäbe, Alleskleber, ein Lineal und ein Bleistift. Unter der fachkundigen Anleitung von professionellen Drachenbauern wird das Baumaterial, oft bemalbarer Tyvek-Stoff, gerne aber auch einfaches Papier oder ein frischer Müllsack, fachgerecht zugeschnitten und angebracht. Am Ende entstehen Schlitten-, Diamant- oder die berühmten Alpha-Drachen. Schnur anbringen - die restliche Arbeit übernimmt die dänische Brise.

REISEPLANUNG

Informationen zu den verschiedenen Drachenfestivals Dänemarks findet man im Internet.
Kite Fliers Meeting Fanö: www.kitefliersmeetingfanoe.de
Römö Festival: www.visitdenmark.com
Skagen Kite-Festival www.skagen.dk
Hirtshals www.visithirtshals.dk.

BESTE REISEZEIT

Mai bis September. Die genauen Termine der Festivals werden im Internet veröffentlicht.

PREISE

Die Teilnahme an den Drachenfesten ist kostenlos. Workshops in Skagen und Hirtshals ab ca. € 8.

28 Nur Fliegen ist schöner als Snowkiten

Einen Berg hinauf fahren? Das ging lange Zeit nur mit motorisierten Schneefahrzeugen. Aber viel mehr Spaß macht es mit dem Snowboard oder Skiern unter den Füßen und einem großen Drachen in der Luft. Snowkiten ist der Trendsport für Surfer und Wintersportler zugleich, aber definitiv auch ein Erlebnis für alle, die bisher mit beidem nichts zu tun hatten. Alles, was man braucht, ist etwas Wind und reichlich Schnee.

Der Kite, ein Drache aus Dacron, wird aufgepumpt, so dass er wie ein Halbmond am Himmel stehen kann. An ihm hängen diverse etwa zwanzig Meter lange Leinen. Auch Ungeübte lernen in der Snowkiteschule schnell, wie man sie auslegen muss, damit statt Knoten ein sinnvolles Lenksystem entsteht. Die Leinen bündeln sich an der Lenkstange, der sogenannten Bar, die wiederum durch einen Sitzgurt am Snowkiter befestigt ist. So muss man die Kraft, den Drachen zu halten, nicht aus den Armen aufbringen, sondern kann sich gemütlich in den Gurt hängen und ziehen lassen. Steht der Drache wie er soll, nämlich auf zwölf Uhr am Himmel, weht der Wind quasi unter den Tüchern her und man kann entspannt stehen bleiben, den Ausblick genießen und sich ausruhen. Snowkiten lässt sich tatsächlich schnell erlernen und macht, weht der Wind in die richtige Richtung, einfach nur ganz großen Spaß! Wer das Gefühl von Freiheit, Geschwindigkeit und Fliegen liebt – hier ist es!

REISEPLANUNG

Hier kann man Snowkiten lernen:
Deutschland:
Wasserkuppe im Landkreis Fulda. www.snowkite.de
Oberwiesenthal www.snowkiten.de
Alpen:
Thalgau Nähe Salzburg: www.snowkiting.at
Obertauern Nähe Salzburg: www.hangon-kiteboarding.com
Norditalien: www.kiteboarding-reschen.eu
Rund um den St. Bernhard Pass.
Frankreich:
Nähe Chamonix: www.flymountainsnowkite.com
Col du Lautaret: www.abekiteair.webs.com
Polen:
In den Masuren nahe Krakau: www.kitejunkies.pl
Weitere gute Schulen gibt es in der Schweiz, Tschechien, Norwegen und Schweden. Empfehlungen gibt die Kitesurfing and Snowkite Association (KSA) unter www.ksa-international.org.

BESTE REISEZEIT

Die Wintermonate, je nach Region zwischen November und April.

PREISE

Vier Stunden Gruppenunterricht (max. vier Personen) ab ca. € 90 inkl. Material. Privatstunden ab ca. € 45, in Polen schon ab ca. € 30.

29 Wildes Wasser macht Spaß

Paddeln und surfen in der Wüste? Nichts ist unmöglich im arabischen Dubai. Umringt von Sanddünen und staubiger Trockenheit ist mitten in der Stadt im Jahr 2012 die längste von Menschen erschaffene Wildwasserrafting-Anlage der Welt entstanden. In der Nähe der natürlichen Höhlensysteme und heißen unterirdischen Quellen des Green Mubazzarah steht nun ein Paradies für Wassersportler und Abenteurer. Neben Kletterwänden durchzieht hier ein fast fünfhundert Meter langer Kanal wie eine Ader den Wadi-Adventure-Park. Siebzigtausend Liter Wasser pro Minute schießen hier entlang. Eingebaute Hindernisse erzeugen Strömungen, die das Wasser ordentlich durchstrudeln. Die Schlauchboote für das Wildwasserrafting sind halbwegs stabil. Ins Wasser fallen sollte man nicht, es ist nämlich kälter als man sich das in diesen Klimazonen vorstellen mag.

Um mit dem Strom abwärts zu schwimmen, muss man erst einmal auf den Berg. Mit einem Aufzug geht es sieben Meter in die Höhe. Dann darf man im Kanu oder Kayak Platz nehmen und sich ins Wasser stürzen. Der Park bietet verschiedene Routen für Anfänger und Fortgeschrittene, nass werden ist aber in jedem Fall garantiert.

Die Frage nach der Ökologie ist hier allzu berechtigt: Das viele Wasser stammt vom Al Ain Wasserwerk, das aus der Region Ras Al Khaimah und zum Teil auch aus Abu Dhabi Wasser bezieht. Es wird in einer parkeigenen Filteranlage gereinigt und immer wieder verwendet, was bei einer Anlage dieser Art problemlos möglich ist.

REISEPLANUNG

Der Wadi Adventure Park in Dubai ist täglich von 11 bis 20 Uhr geöffnet, am Wochenende von 10 bis 20 Uhr. Nähere Informationen unter www.wadiadventure.ae. Über die Reiseagenturen www.arabian-adventures.com und www.travcotravel.ae kann man buchen.

BESTE REISEZEIT

Ganzjährig.

PREISE

Ein Tagesticket kostet für Erwachsene ca. € 10, für Kinder die Hälfte.

30 Tauchen in lebendiger Götterspeise

Sie tanzen wie ein schwereloses Ballett-Ensemble durch ihr Element, das Wasser. Die Millionen goldenen Quallen im Jellyfish Lake von Palau folgen über den Tag verteilt den einfallenden Sonnenstrahlen. Denn dort entwickeln sich dank der Photosynthese Algen, die als Futter für einzellige Organismen dienen. Von denen ernähren sich die Quallen.

Von Koror, der früheren Hauptstadt aus, fährt man eine gute halbe Stunde mit dem Boot nach Eil Malk. Eine kleine Wanderung führt, begleitet vom Schatten des Regenwaldes und der Musik der summenden Insekten, über eine Kuppe zum Jellyfish Lake. Und schon geht es mit Taucherbrille und Schnorchel ins glibberige Vergnügen – das Tauchen mit der Sauerstoffflasche ist hier aus Gründen des Tierschutzes nicht erlaubt. Die aufsteigenden Blasen könnten den zarten Tierkörpern gefährlich werden. Der „Ongeim'l Tketau", wie ihn die Einheimischen nennen, ist einer von rund siebzig Salzwasserseen des pazifischen Archipels und gehört zur Insel Eil Malk der Rock Islands. Die Salzseen waren alle einmal mit dem Meer verbunden, wurden dann aber durch Erdbewegungen isoliert. So konnten sich die dort lebenden Tiere gefahrlos entwickeln und den Umständen anpassen. Das Ergebnis kann sich sehen lassen: Fast vornehm und heute ohne giftige Tentakeln schweben die Quallen vorbei an menschlichen Gästen und posieren gekonnt vor den Unterwasserkameras. Wer nur an der Oberfläche schnorchelt, bekommt vor allem die „Goldenen Quallen" (Mastigia Medusa) zu sehen. Wer sich etwas tiefer ins Wasser traut, lernt auch die zweite dort lebende Quallenart, die Mond-Qualle (Aurelia) kennen. Ihre prachtvollsten Exemplare erreichen die Größe einer Melone.

Zum Archipel Palau gehören über dreihundertfünfzig Inseln von paradiesischer Schönheit. Es liegt nördlich von Australien im Pazifik, umgeben von kristallklarem Wasser und wunderschönen Riffen. Fünfhundert Korallenarten und fast eintausendfünfhundert Fischarten bieten ein Paradies für Unterwasser-Fans. Die zwanzigtausend menschlichen Einwohner leben auf acht Hauptinseln verteilt. Auf der Insel Babelthuap liegt die heutige Hauptstadt Melekeok. Um zwischen den Inseln zu pendeln, ist ein Boot unerlässlich. Und da man selten ein eigenes dabei hat, bieten sich Ausflüge mit Schnorchel- und Tauchanbietern an, zum Beispiel mit Sam´s Tours oder anderen Reiseexperten vor Ort. Und weil viel frische Luft hungrig macht, gibt es zum Abendessen die inselweit beliebte Fruitbat-Soup, eine Fledermaussuppe. Wem das nach dem Jellyfish Lake zu abenteuerlich daher kommt, der kann auch die traditionellen Fischgerichte kosten.

REISEPLANUNG

Bei der Einreise wird ein Visum für 30 Tage ausgestellt. Seit 1994 ist Palau unabhängig und steht in einer freien Partnerschaft mit den USA. Auf Palau gibt es keinen öffentlichen Busverkehr, man bewegt sich per Taxi, Mietwagen oder Shuttle-Bus fort. Die Geschwindigkeitsbegrenzung von 30 Stundenkilometern garantiert einen entschleunigten Aufenthalt. Touren und Ausflüge bucht man vor Ort oder über www.samstours.com. Der Veranstalter unterhält auch ein Büro in München und ist per Mail unter samstours@tourism-unlimited.com erreichbar. Weitere Anbieter auf der deutschen Seite www.visit-palau.eu.

BESTE REISEZEIT

Ganzjährig tropisch warm. Regen fällt fast täglich für eine kleine Abkühlung. Für Taucher ist die beste Zeit von November bis Mai.

PREISE

Rock Islands-Tauch-Pass für zehn Tage ab ca. € 40. Die Einnahmen werden großteils zum Unterhalt von Naturschutzgebieten und für die Infrastruktur auf den Rock Islands verwendet.
Eine Tagestour zum Jellyfish Lake mit Sam´s Tours inklusive diverser Schnorchelstops und Picknick am Strand kostet ca. € 85.

31 Lamas beim Abschlag

Mit ihren großen Augen gucken sie zufrieden Löcher in die Luft, während ihre Begleiter versuchen, die Löcher im Boden zu treffen. Zwölf gut gelaunte und trainierte Lamas ersetzen im amerikanischen North Carolina, im Par-3-Course-Golfclub Sherwood Forest, seit 2006 die alt bekannten Golf-Caddies – wenn man möchte. Tiere statt Technik lautet also das Motto hier, denn mit ihren zarten Füßen gelingt es ihnen, beinahe spurlos über den kostbaren Rasen zu gehen. Lamas, die höckerlosen Kamele aus den Anden, sind nämlich leichtfüßig im wahrsten Sinne des Wortes. Schon vor Jahrhunderten schleppten die flinken Lastentiere Material ganze Berge hinauf. Ein modernes Golf-Set ist dagegen eine leichte Übung. Im Sherwood Forest sind die flauschigen Taschenträger natürlich der Hingucker der Anlage und außerdem eine umwelt- und rasenfreundliche Alternative zu den sonst üblichen motorisierten Kleinwagen. Für einige Dollar mehr hat der Golfer also einen privaten Zoo dabei, während er in entspannter Ruhe sein Handicap verbessert.

Star der Herde ist The King. Das Männchen ist Anführer der Herde und wurde 2011 bei einer Lama-Show in Oklahoma zum berühmtesten Lama der Welt gekürt. Sein jüngerer Bruder Vision gehört ebenfalls zum Ur-Stamm der Sherwood-Lamas. Lightning ist ein weißes Lama mit braunem Fleck auf dem Rücken, Rock Star und U-Da Man gehören auch noch zur ersten Generation der Lama-Caddies. Danach kamen Peaches, X-Man, Mocha Ice, Little D und Bordeaux hinzu.

Bevor die Lamas den Golfplatz betreten dürfen, müssen sie natürlich lernen, nicht vor dem Schwung der Schläger zu erschrecken und sofort zum nächsten Abschlag zu laufen. Für die Tiere ist das kein Problem. Sie sind intelligent, werden von den besten Trainern angeleitet und bekommen perfektes Sportlerfutter wie saftige Blätter, Sträucher und Gräser. Vom Golfrasen dürfen sie allerdings nicht naschen, auch das muss gelernt werden.

Die Golfer im Sherwood Forest sind begeistert und inzwischen große Fans ihrer natürlichen Caddies. Ruhig warten die Lamas hinter ihren Spielern und wirken beinahe so, als würden sie die Schläge aufmerksam verfolgen. Bespuckt wird übrigens niemand. Lamas spucken im Normalfall nur andere Herdentiere an, um ihre Dominanz zu zeigen.

Dreihundertfünfzig Kilometer entfernt, im Talamore Golf Ressort, gibt es übrigens ebenfalls Lama Caddies – und dazwischen wunderbare Wander- und Fahrradwege, Berge, Flüsse und herrlich frische Luft. Ganz ohne Löcher.

REISEPLANUNG

Der Sherwood Forest Golf Club liegt inmitten der Blue Ridge Mountains im US-Bundesstaat North Carolina. Entlang des Little River Valley ist die Umgebung noch sehr ursprünglich. Die Lamas sollten anfangs den Club etwas bekannter machen, inzwischen sind sie gut gebucht. Informationen unter Lama Caddies Brevard, www.sherwoodforestncgolf.com.

Etwa dreihundert Kilometer entfernt, ebenfalls in North Carolina, hat ein weiter Colfclub Lamas als Caddies engagiert, das Talamore Golf Ressort. www.talamoregolfresort.com.

BESTE REISEZEIT

Ganzjährig.

PREISE

9-Loch-Kurs ab ca. € 6, 18-Loch-Kurs ab ca. € 10, Tagespass ab ca. € 15.

Lama Caddies kosten ca. € 30 extra.

32 Testosteron am Venice Beach

Oberkörperfrei, braun gebrannt und bis in die letzte Faser durchtrainiert – so präsentieren sich die starken Jungs am Venice Beach in Kalifornien. Unermüdlich ziehen sie ihre kiloschweren Muskelpakete an Eisenstangen hoch oder stemmen Gewichte in den blauen Himmel von Los Angeles. Das Venice Beach Muscle Gym ist mehr als ein Fitness-Studio: Es ist „die" Strand-Attraktion für Fitnessbegeisterte mit Sinn für besonders schöne Locations und natürlich für ihre zahlreichen Zuschauer. Ohne Dach und feste Wände, sondern nur umzäunt von einem brusthohen Gitter, begeben sich von früh morgens bis nach Sonnenuntergang vornehmlich Männer in den Kraftkäfig zwischen Strandpromenade und Pazifikküste. Vom Büroangestellten bis zum Mister Universe stöhnen, schwitzen und stählen sie sich, dass sich die Langhanteln biegen. In den siebziger Jahren galt das Outdoor-Studio als zweites Wohnzimmer von Arnold

Schwarzenegger. Wer zwischen Malibu und Long Beach unterwegs ist, sollte hier, in der Nähe des Santa Monica Peers, unbedingt eine Trainingseinheit einlegen – oder zumindest zusehen kommen. Um das Studio herum finden sich Souvenirshops und Straßenhändler, außerdem Cafés, wo man sich die abtrainierten Kalorien ganz schnell zurückholen kann.

REISEPLANUNG

Am Venice Beach zu trainieren, ist unkompliziert: Hinfahren, Eintritt zahlen, loslegen. Das Studio ist ganzjährig geöffnet, die Zeiten variieren nach Klima und Jahreszeit. Infos unter www.venicebeach.com/muscle-beach-gym und www.californiabeachbodybuilding.com.

BESTE REISEZEIT

Ganzjährig.

PREISE

Venice Beach Gym Tagesticket ca. € 8, Wochenticket ab ca. € 40. Zugucken, wie die anderen sich abrackern: kostenlos.

33 Einmal im Leben: Grand Canyon

Tiefe Schluchten, gold-braune Steilwände und in Stein gefräste Geheimgänge: Der Grand Canyon im amerikanischen Bundesstaat Arizona ist ein Traumziel für Weltreisende, Naturfreunde und Abenteuerlustige und präsentiert die wohl spektakulärste Erosionsformation der Welt.

Gesteinsschichten aus Jahrmillionen der Erdgeschichte stapeln sich hier knapp zwei Kilometer hoch über dem Colorado River – ein perfekter Ort, um vor dem spektakulären Schauspiel der unendlichen Natur die eigenen Problemchen gründlich zu relativieren. Wer sich mal so richtig klein fühlen möchte, ist hier perfekt aufgehoben. Neben dem einfach nur grandiosen Panorama bietet der Grand Canyon hervorragende Bedingungen für Wanderer und Mountainbiker.

Der Grand Canyon ist über zweihundertfünfzig Kilometer lang, an der weitesten Stelle sechzehn Kilometer breit und knapp zwei Kilometer tief. Er gehört zum Grand Canyon National Park und bietet mehrere Aussichtspunkte am Nordrand (North Rim) oder Südrand (South Rim) der Schluchten mit jeweils atemberaubendem Panorama. Beliebt bei aktiven Touristen sind die Touren zum Colorado River ins Tal des Grand Canyons. Mehrere Trails stehen zur Auswahl. Ab Mai wird es heiß, und die lokalen Tourguides raten dazu, für Hin- und Rückweg zwei Tage einzuplanen.

Gründliche Vorbereitung, am besten mit Hilfe der ortskundigen Helfer im Backcountry Information Center oder einem der Grand Canyon Visitor Centers, ist jedenfalls absolut notwendig. Für eine Wanderung im Süden des Canyons ist der Bright Angel Trail empfehlenswert. Auf dem Weg finden sich Wasserquellen zum Auffüllen der Flaschen, es gibt immer wieder schattige Stellen, und auf halber Strecke liegt der Indian Garden Campground, wo eine Pause möglich ist.

Für die Übernachtung bietet sich dann zum Beispiel die Phantom Ranch an und macht das Outdoor-Abenteuer im wilden Westen perfekt. Wer nur für eine Tagestour Zeit hat, für den lohnt es sich auch, nur einen Teil der Strecke zu gehen.

Eine Alternative zum Wandern ist das Reiten auf Mauleseln. Die fleißigen Tiere bewältigen den Weg zum Colorado River und zurück an einem Tag und sind so beliebt, dass man frühzeitig buchen sollte. Darüber hinaus lässt sich der Grand Canyon auch per Kleinflugzeug oder Helikopter erleben. Und apropos Himmel: Arizona ist berühmt für seinen wundervollen Sternenhimmel. Hier lohnt sich also auch ein abendlicher Ausflug.

REISEPLANUNG

Die meisten Touristen wählen für eine Tour den besser erschlossenen Südrand, an dem das Dorf mit dem Namen Grand Canyon liegt. Am schlechter erreichbaren Nordrand geht es ruhiger zu, die Straße dorthin ist nur von Mai bis zum ersten Schneefall passierbar. Seit 2007 ist der Grand Canyon West, ungefähr einhundertzwanzig Kilometer nordwestlich der Stadt Kingman, zudem um eine spektakuläre Sensation reicher. Über den Skywalk, eine hufeisenförmige Konstruktion, die rund eintausendzweihundert Meter über dem Colorado River frei schwebt, dürfen Besucher durch einen gläsernen Boden in die Schlucht schauen. Der Skywalk befindet sich auf dem Land der Hualapai Indianer. Informationen findet man über die Websites www.arizonaguide.com und die Seite des US-Nationalpark-Service Grand Canyon: www.nps.gov. Geführte Touren bucht man über www.grandcanyon.org, und wer länger bleiben und an einem Freiwilligen-Projekt teilnehmen möchte, findet Wissenswertes dazu unter www.volunteer.gov.
Übernachtungen sollten mindestens sechs Monate im Voraus gebucht werden.

BESTE REISEZEIT

Das Grand Canyon Village und Desert View am South Rim sind das ganze Jahr über geöffnet. Die Einrichtungen am North Rim sind von Mitte Mai bis Mitte Oktober geöffnet. Alle Parkeingänge sind rund um die Uhr geöffnet. Das berühmte orange-braune Leuchten der Felsen braucht die untergehende Nachmittagssonne.

PREISE

Eintritt in den Grand Canyon National Park ca. € 20 pro Fahrzeug. Der Pass ist sieben Tage lang gültig. Mit den eingenommenen Gebühren werden Projekte im Park finanziert. Jedes Jahr bietet der National Park Service eintrittsfreie Tage an, die man unter www. go.nps.gov findet. Helikopterflüge über den Grand Canyon ab Las Vegas ab ca. € 160 pro Person.

34 Volleyball mit Füßen

Sepak Takraw – das klingt wie ein indisches Reisgericht? Oder eine philippinische Begrüßung? Geographisch liegt man da nicht ganz falsch. „Sepak Takraw" ist ein asiatischer Volkssport: eine Art Fußvolleyball. Gespielt wird mit einem geflochtenen Ball, und der muss wie beim Volleyball über ein Netz gebracht werden, ohne dass er den Boden berührt – aber eben mit den Füßen. Klingt anstrengend? Ist es auch!

Sepak heißt auf malaiisch treten oder schießen, und der Takraw ist der geflochtene Ball.
Die Mischung aus Fußball und Volleyball wird auf einem Badmintonfeld ausgetragen. In der Mitte wird das Feld auf etwa eineinhalb Metern Höhe von einem Netz, über das man den geflochtenen Ball befördern muss, getrennt. Dafür darf man außer Händen und Armen alle Körperteile benutzen.
Das richtige Ballgefühl kann man lernen oder es – noch besser – in die Wiege gelegt bekommen. In Asien spielt man schon seit Jahrhunderten Sepak Takraw. Ursprünglich wurde ein Rattanball hin- und her getreten. Im 19. Jahrhundert haben dann englische Kolonialherren das Badmintonspiel nach Asien gebracht. Das Ballspiel wurde auf die kleinen Felder mit Netz übertragen, und fertig war der neue, alte Volkssport. Mittlerweile ist Sepak Takraw auch in Europa angekommen. Das beste deutsche Team stellt der Verein Takraw Cologne 03, der einst aus dem Kölner Hochschulsport hervorgegangen ist, zudem zählt das deutsche Nationalteam zu den erfolgreichsten europäischen Spieler-Nationen. Es gewann beim King's Cup 2008 in Bangkok als erstes nicht-asiatisches Team die Goldmedaille im Doppel.
Und damit der Erfolg nicht an fehlendem Nachwuchs scheitert, dürfen Interessierte gerne ein Probetraining mitmachen. Dafür sollte man sich allerdings wendig und schmerzfrei zeigen. Kopfbälle tun Anfängern durchaus weh, ein Stirnband kann den Aufprall aber etwas abfedern. Der Ball ist mit rund einhundertsechzig Gramm zwar leicht, aber auch ziemlich hart. Beulen kommen also durchaus vor. Die größte Aufmerksamkeit gilt ohnehin den wichtigsten Fußtritten mit den schönen Namen Sunback, Roll Spike, Tigerkralle oder Adlerkralle. Was man zum Mitmachen braucht: Koordination, Laufbereitschaft und Teamgeist.

REISEPLANUNG

Als Urlauber in Südostasien kann man täglich Sepak Takraw erleben, vor allem nachmittags in Parks, auf Schulhöfen und an den Unis. Prestigeträchtig ist der King's Cup in Thailand zu Ehren des Königs, eine Art inoffizielle Weltmeisterschaft und die international größte Veranstaltung. Dieses Event findet jährlich an verschiedenen Orten in Thailand statt. Sepak Takraw ist zudem Medaillensport bei den Asia Games, die jeweils all zwei Jahre stattfinden.

In Deutschland aktive Vereine findet man zum Beispiel in Köln, Berlin, Bamberg, Kiel, Hamburg, Elmshorn und Heidelberg. Informationen unter www.takrawgermany.com oder für Köln unter www.takraw-cologne.de.

BESTE REISEZEIT

Turniere in Asien finden das ganze Jahr über wetterunabhängig in Hallen, aber auch draußen statt. Außerdem spielen Asiaten so gut wie überall auf der Straße, im Park, unter Brücken, auf dem Uni-Campus, so dass man immer zusehen und mitmachen kann. Probetrainings in Deutschland ganzjährig.

KOSTEN

Zusehen in Asien und Deutschland bei Trainings und Turnieren meist gratis, Vereinsbeitrag in Köln ab ca. € 35 pro Jahr.

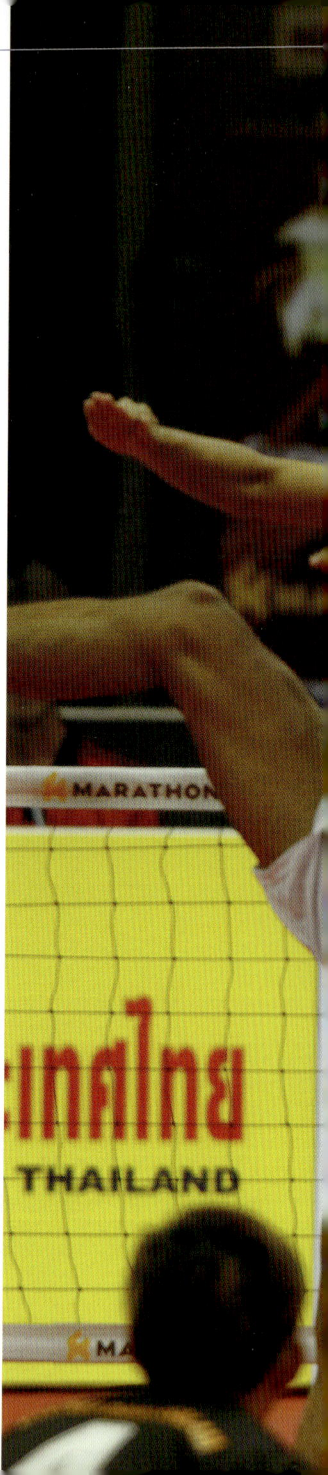

SuperSeries
GERMANY
9
1
STANNO
www.stanno.com
SuperSeries
JOY OF S

4 Die Welt ist ein Fest! Kultur live

35 Hula-Tanz am Strand

E Komo Mai! Willkommen! Es duftet nach Meer und Blumen, und eine leichte Brise weht unter die federleichten Baströckchen, während mit Blumenketten geschmückte Inselbewohnerinnen einen kleinen Begrüßungstanz aufführen. Der Hula ist ein erzählender Tanz mit fließenden Bewegungen, begleitet von Trommeln aus ausgehöhlten Palmenstämmen, Kokosnussrasseln und Bambusstäben. Die einzelnen Elemente verbinden sich nach der polynesischen Tradition zu einem großen Ganzen.

Laut einer hawaiischen Legende hat der Tanz seinen Ursprung auf den Inseln Molokai und Kauai. Heute bedeutet diese wunderbare Kunstform ein weltweites Symbol für die hawaiische Kultur und die Schönheit der Bewohner von Hawaii. Der Hula hat sich aufgrund seiner Beliebtheit bis auf das US-Festland, nach Japan und sogar nach Europa verbreitet. Es gibt viele Arten und Stile des Hula-Tanzes. Hula auana (moderner Hula) wird zu westlich beeinflusster Musik getanzt und zeichnet sich durch einen modernen und fließenden Stil aus. Diese Art des Hula ist die den meisten Besuchern bekannte Tanzart. Älter ist der klassische Hula kahiko, der

zu dramatischen Gesängen und Perkussion in traditionellen Kostümen getanzt wird. Manchmal begleiten den Hula auch eindrucksvolle Sprechchöre.
Klassischer Hula wird auf allen Inseln anlässlich jahreszeitlicher Festivals und im Rahmen von Wettkämpfen sowie in Hotels und Resorts getanzt. Das Merrie Monarch Festival in Hilo auf Hawaiis Big Island ist der weltweit größte Hula-Wettkampf. Auf Hawaii finden das ganze Jahr über weitere Hula-Veranstaltungen statt.
In den 1800er Jahren war Hula eine Zeit lang verboten. König David Kalākaua belebte die Tradition wieder. Ihm zu Ehren feiert man das Prince Lot Hula Festival. Ebenfalls geehrt wird er mit dem World Invitational Hula Festival und dem Na Hula Festival auf Oahu, sowie am Kauai Mokihana Festival auf Kauai.
Die Bewohner der Insel Molokai feiern den Hula jedes Jahr im Mai mit dem Molokai Ka Hula Piko Festival. Am Waikiki Beach auf Oahu kann man ebenfalls zusehen, wie hawaiianische Damen und Herren tanzen. Und es gibt sogar Hularobics als Mischung aus Fitnesskurs und Hula-Tanz.
Wer den richtigen Hula lernen möchte, sollte allerdings einen ausführlichen Workshop oder sogar eine traditionelle Hula-Schule (halau) besuchen. Denn um den Sinn hinter den Bewegungen und der Musik zu verstehen, braucht es Zeit und ein gewisses Verständnis für die hawaiianische Kultur und Geschichte. Zusammen mit einem einheimischen Hulalehrer, dem Kumu Hula, wird das Wissen an verantwortungsbewusste Schüler weitergegeben.

REISEPLANUNG

Touristen, die Hula-Erfahrung sammeln und mittanzen möchten, können im Royal Hawaiian Center ohne Voranmeldung an einer Unterrichtsstunde teilnehmen. Jeden Dienstag um 11 Uhr und jeden Donnerstag um 16 Uhr steht ein Tanzlehrer bereit und freut sich, Interessierten die Grundschritte des Hula beizubringen. Mutige erhalten sogar die Chance, anschließend in einigen Luau-Shows auf der Bühne zu tanzen, um ihre neuen Hula-Fertigkeiten vor Publikum vorzuführen: www.royalhawaiiancenter.com. Weitere Gratis-Hula-Workshops und Privatstunden findet man unter www.ohanaislandstyle.com, allgemeine Informationen zum Reiseziel unter www.gohawaii.com.

BESTE REISEZEIT

Ganzjährig.

PREISE

Viele Schnupper-Workshops sind gratis. Gruppenstunden ab etwa € 55 pro Person.

36 Das Herz von Buenos Aires: Tango

Leidenschaft, Nostalgie, Sinnlichkeit – das ist Tango. Viel Temperament, eng umschlungene Bewegungen, ein Hauch Erotik. Die Schritte fließen. Tiefe Blicke. Das Haar eng zusammen gebunden, ein fester Griff um die Hüfte. Mit dreißig Takten pro Minute schießt der Tango durch den Körper, und das ohne ein Instrument, das den Rhythmus vorgibt. Denn Tango passiert im Kopf, im Herzen und in den Beinen.

Der argentinische Tango ist ein Lebensgefühl. Kein Wunder, denn die Mischung aus afrikanischem Tanz, argentinischer Gaucho-Tradition und den Einflüssen europäischer Einwanderer

machte den Tango zu mehr als zu einem einfachen Tanz. Entstanden ist er am Silberfluss, dem Rio de la Plata, also in Uruguay und Argentinien. Hier mischten Einwanderer aus verschiedenen Teilen der Erde Polka, Habanera und Candombe, einen afrikanischen Ritualtanz mit Pantomime-Elementen. Anfangs noch Tradittion der Armen, die im Milieu von Arbeitslosigkeit und Kriminalität tänzerisch ihre Not zum Ausdruck brachten, wurde der Tango später salonfähig. Auch Verbote führten lediglich dazu, dass die Tänzer von öffentlichen Plätzen in Gebäude auswichen.

Heute ist Buenos Aires das Zentrum des argentinischen Tangos. Hier, in der Stadt des Tanzes, kann man Abend für Abend in unzähligen Bars dabei sein, wenn professionelle Tänzer sich anschmachten, durch den Raum wirbeln und das Publikum in Aufruhr bringen. Beliebt sind die Cena-Tango-Shows, also stilvolle Abendessen mit Tanzeinlagen auf der Bühne, ähnlich wie ein Varieté. Wer näher an die Wurzeln des Tangos möchte, muss die Deluxe-Leiter verlassen und die Stadtviertel besuchen, wo der Tango in jeder Bar gelebt wird: die berühmten Milongas. Dort bekommt man Shows mit Herz und Seele zu sehen, bekommt Tänze vorgeführt, die kaum still sitzen lassen und die Geschichte des Tangos ohne Worte mitten ins Herz transportieren. Auch unerfahrene Gäste dürfen einfach mitmachen und Stunden nehmen, um zu lernen, wie man sich in Argentinien am besten ausdrückt: mit Gefühl.
Auch wer sich nicht alleine in die Bars stürzen möchte, kann Tango in Buenos Aires live erleben und zum Beispiel über den Veranstalter Tango-International Gruppenreisen buchen. Neben dem eigenen Tanzkurs lohnt dann oft der Besuch eines Festivals. Über das Jahr verteilt finden in Buenos Aires zahlreiche Veranstaltungen statt, vom einfachen Workshop bis hin zur Tango-Weltmeisterschaft. Vor der Buchung lohnt sich also ein Blick auf den Tango-Kalender der Stadt.

REISEPLANUNG

Wichtiges zum Tango allgemein und zu aktuellen Events findet man bei der argentinischen Tourismusbehörde unter www.argentina.travel und unter www.buenos.aires.eventguide.com.
Tango-Reisen bucht man unter www.tango-international.org. Jede Reise kann durch weitere Bausteine wie Rundreisen oder Spanischkurse ergänzt werden.
Übernachtet wird im Rahmen der Tango-Reisen im Apassionata-Tango-Hotel, einem stilvollen Haus der Jahrhundertwende im Herzen von Buenos Aires. www.apassionata-tango.com.

BESTE REISEZEIT

Tanzen kann man in Buenos Aires an jedem Tag des Jahres. Wer zusätzlich das Land bereisen möchte, sollte das südliche Patagonien im deutschen Winter besuchen.

PREISE

Gruppenreise für eine Woche inklusive Unterkunft und Tango-Programm mit Workshops und Events ab ca. € 700 bei eigener Anreise. Tangostunde vor Ort ab ca. € 5, Wochenend-Workshop ab ca. € 30.

37 Eisige Klänge bei Vollmond

Kristallblaue Geigen, kunstvoll anmutende Cellos und kiloweise klingendes Eis – wenn in Norwegen zum Eismusik-Festival gerufen wird, kommen Musik- und Kunstbegeisterte aus aller Welt. Denn hier wird gefrorenes Wasser nicht nur zu Instrumenten geformt, sondern auch damit musiziert. Der norwegische Jazz-Musiker Terje Isungset hat das Fest 2006 zum ersten Mal ins Leben gerufen und organisiert seitdem einmal im Jahr das Ice Music Festival in Geilo. Denn er weiß, dass Eis, korrekt geschliffen und mit Saiten bespannt, zauberhaft klingen kann und die Zuhörer gleich mitverzaubert. Sein Lieblingsinstrument ist das Horn. Entwickelt hat er es nicht nur in verschiedenen Designs, sondern auch mit einem einzigartigen Sound, der irgendwie gar nicht von dieser Welt scheint.

Aus meterlangen Eisblöcken, die anfangs bis zu sechshundert Kilo wiegen und aus einem See in der Nähe der Stadt herausgesägt werden, entstehen hier in tagelanger Feinarbeit spielbare

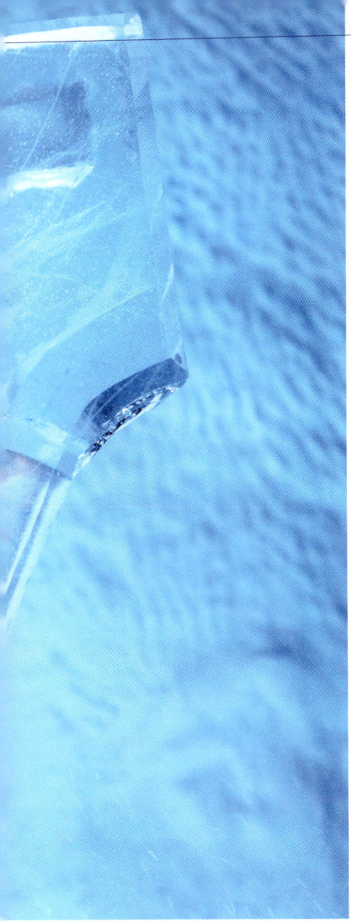

Instrumente. Zum Schluss werden die Instrumente gestimmt und verkabelt, und dann glänzen sie auf der Bühne in einem stimmigen Orchester, als hätten sie es schon viele Jahre lang geübt.

In jedem Jahr präsentieren die Eis-Künstler ein neues Programm, individuell zusammen gestellt von den eingeladenen Eis-Musikern und Künstlern. Gespielt werden können die Instrumente sogar bei Plus-Graden, allerdings klingen sie dann recht dumpf. Die optimale Temperatur für gute Akustik liegt bei sieben bis achtzehn Grad minus, dann fangen Gitarren, Schlagzeuge und Hörner regelrecht an zu leben. Ist es noch kälter, was in der Region durchaus vorkommen kann, werden die Instrumente zerbrechlicher und sind schwer zu spielen. Hier sind also Fachkenntnis und Einfühlungsvermögen gefragt – bis die zart besaiteten Kreationen wenige Tage nach ihrem großen Auftritt schon wieder dahin schmelzen. Doch bis dahin schaffen die zauberhaften nächtlichen Klänge für Besucher ein unvergessliches Erlebnis.

REISEPLANUNG

Die Konzerte finden draußen statt – ab 2015 unter dem zweiten norwegischen Vollmond des Jahres, also Ende Januar oder Anfang Februar. Die genauen Termine findet man auf der Festival-Seite www.icemusicfestival.no. Veranstalter sind die Ice Music Festival Company und die Stadt Geilo: www.geilo.no.

BESTE REISEZEIT

Januar / Februar.

PREISE

Festival Tagespass für Freitag ca. € 38, für Samstag ca. € 50, Wochenendpass ca. € 86 pro Person.

38 Ein Fest für die Kirsche

Hier ist gut Kirschen essen: im marokkanischen Sefrou dreht sich im Juni jeden Jahres drei Tage lang alles um die rote Frucht. Sie steht für die natürliche und kulturelle Schönheit der nordafrikanischen Region.

Etwa dreißig Kilometer südlich von Fès, am Fuße des Mittleren Atlas, erstreckt sich Sefrou an den Ufern des Wadi Aggai, das die alte Medina von Osten nach Westen durchquert.

Tausende Kirschbäume lassen die Luft in der gesamten Region süßlich duften. Das Berg-Terrain bietet das perfekte Klima für die Kirschbäume. Wenn sie in weiß und rosa ihren zarten Schleier ausbreiten, kommen rund 500.000 Gäste aus ganz Marokko und auch dem Rest der Welt, um an den Feierlichkeiten teilzuhaben. Zum Fest gehören traditionelle Musik, Tänze, ein großer Kirschblüten-Markt und die Paraden prächtig gekleideter Marokkanerinnen, die sich um das Amt der Kirsch-Königin bewerben. Am Ende des Festes wählen die Bewohner dann gemeinsam die Gewinnerin und feiern diese ausgiebig mit noch mehr Musik und natürlich köstlichen Kirsch-Gerichten.

In Anlehnung an die Bedeutung der Kirschen für die Region haben sich seit dem Jahr 2000 Frauen in einer Kooperative zusammen geschlossen, um gemeinsam zu arbeiten. In kleinen Gruppen häkeln sie zuhause Kirschknöpfe und verkaufen sie. Touristen können die Gruppe besuchen und während des Kirschfestes lernen, die besonderen Knöpfe herzustellen.
Rund um das Kirschfest bieten sich Ausflüge in die Region an, zum Beispiel in die nahe gelegene Stadt Fès, oder eine Wanderung im Hochtal des Sebou. Für beides ist der Juni die beste Reisezeit. Aber auch wer später nach Marokko reist, hat zahlreiche Festivals zur Auswahl: Im Juli findet in Marrakesch das jährliche Folklorefestival statt, im August gibt es das Internationale Kulturfestival in Asilah, im September wird in Imilchil ein Heiratsmarkt veranstaltet, und im Oktober schließlich feiern die Einheimischen ihr Dattelfest in Erfoud.

REISEPLANUNG

Eher für einen optischen Vorgeschmack bietet sich ein Besuch auf der arabischen Website über das Kirschfest an: www.festivalcerises-sefrou.com. Das offizielle Tourismus-Portal Marokkos findet man unter www.visitmorocco.com, Informationen zum Knöpfe-Projekt unter www.cherrybuttonscoop.wordpress.com.

BESTE REISEZEIT

Juni

PREISE

Der Eintritt zu den Kirschfesten ist frei.

39 Der berühmte Weg zu sich selbst

Viele Wege führen nach ... Santiago de Compostela. Die mittelalterliche Hauptverkehrsroute für Fußgänger in Nordspanien ist heute beliebter und belebter als je zuvor, ob aus spirituellen oder sportlichen Gründen. In mehreren Teilabschnitten führt der berühmte Jakobsweg alle am Ende an dieselbe Stelle: das Grab des Apostels Jakobus. Und viele führt er auch zu sich selbst.

Anfang des 9. Jahrhunderts entdeckte man in Santiago de Compostela Jakobs Grab, das der Grundstein für die heutige Kathedrale in Santiago wurde. Fortan zog das alte römische Dorf zahlreiche Gläubige an, die lange Wege auf sich nahmen. Egal, von wo die Pilger kamen, sie bahnten sich ihre Routen bis in das iberische Nordwestspanien. Der ursprüngliche Weg begann in Oviedo in Asturien und war bis in das 10. Jahrhundert der am meisten genutzte

Pilgerweg. Hinter Tineo, Grandas, Lugo und Melide verbindet er sich mit dem heutigen Französischen Weg. Der beginnt in zwei Varianten in den Pyrenäen: Ein Pfad führt über Roncesvalles (Navarra), ein anderer über Somport (Aragon). Beide Wege treffen in Puente la Reina zusammen und durchqueren dann die Gebiete von La Rioja und Kastilien-León in Richtung Galizien. Der Nördliche Weg wiederum wurde von Pilgern im Mittelalter dazu benutzt, die von den Mauren besetzten Gebiete zu umgehen. Der größte Teil führt an der Küste entlang und durch die Berge. Ab Oviedo kann man sich dann zwischen dem Rest des nördlichen Weges entscheiden, oder man wandert den ursprünglichen Jakobsweg weiter. Und als wäre die Entscheidung nicht schon so schwer, gibt es auch noch den Silberweg, den Portugiesischen Weg, den Englischen Weg, der in Ferrol und Coruña beginnt, und zum Bespiel die Route über das Meer von Arousa und den Fluss Ulla. Ab der Illa de Cortegada markieren eine Reihe von Steinkreuzen den Jakobsweg. Es geht vorbei an den mythischen Torres de Oeste in Catoira, durch die Naturgebiete der Brañas de Laíño bis nach Padrón und von dort nach Compostela.

Für alle Pilger gilt, gutes Schuhwerk, kurze und lange Kleidung sowie möglichst einen Stock zum Wandern zu tragen. Nötig ist ein Kopfschutz. An Hut oder Kappe wird traditionell am Ende eine Jakobsmuschel befestigt – als Zeichen für die absolvierte Wanderung.

Die Erneuerungen des Straßennetzes in Spanien - von den ehemaligen Königswegen, über die Staatsstraßen bis hin zu den modernen Autobahnen - haben zahlreiche Abschnitte des Jakobsweges vernichtet. Die heutigen Straßen folgen also nicht immer genau dem mittelalterlichen Weg. Nur die, die einen „langsamen Tourismus“ zu Fuß, auf dem Rad oder auf dem Rücken eines Pferdes ermöglichen, gehören noch zu der Originalstrecke, auf der teilweise noch das alte Kopfsteinpflaster erhalten ist. Dort findet man häufig auch noch ehemalige Hospize, die heute zum Teil als Unterkünfte dienen, sowie alte Brunnen und Brücken, die zu einem kleinen Stopp einladen. Der Jakobsweg ist mehr als eine Wanderroute. Er ist ein Kulturschatz und inzwischen internationaler Treffpunkt für Wanderer aus aller Welt.

REISEPLANUNG

Je nach Startpunkt muss man mit zehn bis vierzehn Wandertagen rechnen.
Wichtig ist eine gute Ausrüstung und leichtes Gepäck. Für die Übernachtung gibt es unterwegs zahlreiche einfache Herbergen, Vorbuchen ist ratsam. Informationen findet man unter www.santiagoturismo.com oder www.spain.info/de.

BESTE REISEZEIT

Im Frühling und Herbst sind die Herbergen nicht so überfüllt und man entkommt den ganz heißen spanischen Sommertagen.

PREISE

Übernachtung in einer Pilgerherberge ab ca. € 5, ca. € 2 für ein einfaches Frühstück, € 12 für ein Tagesmenü.

40 Im Kampf gegen Sonne und Olivenöl

Zwei Männer, zwei Lederhosen und mehrere Liter türkisches Olivenöl – das klingt nach einer schmierigen Angelegenheit. Der Ölringkampf ist Nationalsport und Volksspektakel zugleich und aus dem osmanischen Reich nicht wegzudenken. Im türkischen Kulturministerium schätzt man, dass ungefähr fünftausend Öl-Wrestler diesen traditionellen Sport ausüben. Die sommerlichen Festivals ziehen bis zu 30.000 Zuschauer auf große Wiesen und in Stadien.

Auf der Halbinsel Sarayici bei Edirne, im Nordwesten der Türkei, findet seit 1924 jedes Jahr im Juni das größte Ölring-Festival Kirpina statt. Drei Tage lang dauert das Spektakel, das 2010 von der Unesco zum immateriellen Kulturerbe ernannt wurde.

Rund um die meist kurzen Kämpfe werden Traditionen zelebriert: Mit einem gemeinsamen Gebet startet die Veranstaltung, danach wird, gefolgt von einer großen Prozession, der Siegergürtel zur Schau getragen: das anderthalb Kilo schwere und goldbesetzte Symbol für dieses traditionelle Ereignis.

Ein sogenannter Öler begießt die Athleten, die Pehlivan, mit reichlich Olivenöl aus großen Gießkannen. Bekleidet sind die Ringer nur mit den traditionellen Kispets, speziellen Lederhosen aus der Haut eines Wasserbüffels oder einer Ziege. Gleich mehrere Kampfpartner treten dabei hinaus auf den Rasen. Zu Anfang stehen die Ölringer meist noch Kopf an Kopf und auf den Füßen. Das ändert sich schnell. Sie versuchen sich zu packen, rutschen weg, schieben sich mit den Schädeln gegenseitig weiter. Wenn einer fällt, fällt der andere meist mit, dann wird auf dem Boden weiter gekämpft. Ziel ist es, beide Schultern des Gegners auf den Boden zu drücken oder den Gegner zu heben und ihn drei Schritte weit zu tragen – alles in allem eine fettige Angelegenheit und für das Publikum durchaus unterhaltsam. Unter der glühenden türkischen Sommersonne sind manche Kämpfe schon nach wenigen Sekunden, andere erst nach mehreren Minuten beendet.

Die Ursprünge des Ölringens finden sich schon im Alten Äygpten. Im 14. Jahrhundert etablierte sich der Sport dann in der Türkei, als Sultan Orhan Gazi auf seinen Eroberungszügen zusammen mit seinem Bruder Suleyman Pasha nächtliche Öl-Wrestlings zwischen seinen Kriegern veranstaltete. Auf diese Weise sollten sich die Männer auf kommende Kämpfe vorbereiten und gleichzeitig unterhalten werden. Der Geschichte nach kämpften die gleich starken Krieger Ali und Selim Tag und Nacht. Keiner wollte aufgeben, so lange, bis beide vor Erschöpfung starben. Unter einem Feigenbaum wurden sie begraben. Als die anderen Krieger viele Jahre später an diesen Ort zurück kehrten, floss dort ein großer Fluss, der 40 Quellen nährte. So nannte man den Ort, der im heutigen Griechenland liegt, Kirpinar („vierzig Quellen").

Seit der Gründung der Türkischen Republik 1924 gehört der Wettbewerb fest nach Sarayici bei Edirne, wo das Ölringen heute, ebenso wie im Iran und in Bulgarien, eine Mischung aus Unterhaltung, Wettkampf und Ehrenaufgabe bedeutet. Während die Ringer um Gürtel, Sieg und Anerkennung kämpfen, stärken sich die Zuschauer am Rande mit Lammfleischspießen und kalten Getränken.

REISEPLANUNG

Ölringkämpfe kann man während der Sommersaison in zahlreichen Orten der Türkei besuchen. Informationen unter www.schoenetuerkei.de oder bei der Stadtverwaltung Edirne unter www.edirne.bel.tr.

BESTE REISEZEIT

Von Mai bis September. Das Kirpinar-Festival findet jährlich im Juni statt.

PREISE

Kleinere Wettkämpfe oft gratis, sonst Eintritt ca. € 2.

41 In den Händen des Thai-Masseurs

An den Füßen kitzelt sie, am hinteren Oberschenkel zieht sie, am Nacken und im Gesicht entspannt sie. In ihrer asiatischen Heimat wird sie „nuad-thai" genannt, und ihr Ursprung reicht über zweitausendfünfhundert Jahre zurück in die Zeit der indischen Lehre des Ayurveda. Zusammen mit Elementen aus der Traditionellen Chinesischen Medizin ist die Thai-Massage entstanden, die mittlerweile in abertausenden Studios auf der ganzen Welt praktiziert wird, um Stress abzuschütteln, sämtliche Muskeln durchzuwalzen und erschöpften Kunden Gutes zu tun. Auch in heimischen Spas und Wellness-Hotels hat die Thai-Massage sich fest etabliert. Das Original gibt es in Bangkok, und es ist ein Erlebnis, das man nicht vergessen wird.

Die Behandlungen folgen dem Prinzip der ganzheitlichen Medizin. Laut der asiatischen Gesundheitslehren wird der menschliche Körper durchzogen von Energiebahnen, den sogenannten Sen-Linien, auch Meridiane genannt. Durch deren Pressur und Dehnung soll die Lebensenergie aktiviert und Körper, Geist und Seele wieder ins Gleichgewicht gebracht werden. Gearbeitet wird punktuell mit Daumen und Handballen, Ellenbogen, auf allen Vieren oder nur auf den Füßen – eine echte Thai-Massage hat es in sich! Übermittelt werden die Techniken in Thailand oft durch die Familie, aber auch in Massageschulen.

Das Healthland Spa in Bangkok zum Beispiel bietet an mehreren Standorten der Stadt ein- oder mehrstündige Behandlungen von angehenden und bereits ausgebildeten Profi-Masseuren in schönem Ambiente an. Ebenfalls sehr bekannt ist die Wat Pho Medical School am gleichnamigen Tempel in Bangkok. Jedoch muss man sich als Besucher bewusst sein, dass Thai-Massage in Asien deutlich alltäglicher ist als in Deutschland und nicht zwingend der Gedanke von absoluter Ruhe dahinter steckt. So gibt es nur selten abgeschlossene Räume, sondern zumeist Vorhänge, die die Kunden voneinander trennen. Aber eigentlich ist der Gedanke, eine Massage zu etwas Alltäglichem zu machen, doch ganz angenehm, oder?

Thai-Masseure in Deutschland müssen keine gesetzlichen Richtlinien befolgen. Allerdings dürfen sie ihre Massagen nicht als Heilkunde anbieten, wenn sie keine Ausbildung zum Heilpraktiker oder Arzt haben. So sind die meisten Einrichtungen „Wellness-Studios" oder „Spas". Am Ende ist der Kunde für die Auswahl einer guten Thai Massage und seine Gesundheit unbedingt selbst verantwortlich und sollte bei möglichen Einschränkungen oder Krankheiten den Masseur informieren, damit die Behandlung zur vollen Zufriedenheit stattfinden kann und man am Ende entspannt aus dem Studio gehen kann.

REISEPLANUNG

Sowohl in Thailand als auch in Deutschland finden sich Massage-Studios zu Hauf. Bei der Auswahl sollten der erste Eindruck, Sauberkeit, Freundlichkeit des Personals und eine Anamnese zählen. Sehr gute Einrichtungen fordern das Ausfüllen eines Gesundheitsbogens. Gute Thai-Massagen in Bangkok:
www.healthlandspa.com, www.watpomassage.com, www.chivasomacademy.com.
Informationen zur Thai-Massage in Deutschland:
www.thai-spa-verband.de und www.thai-massage-deutschland.info.
Ein Maßstab ist die Auszeichnung von Betrieben nach dem National Skill Standard der Thailändischen Regierung. Diese Auszeichnung haben in Deutschland nur sieben Betriebe erhalten, unter anderem Su Wanyo Thai Day Spa in Lübeck (wie abgebildet). Infos unter www.wanyo.de.

BESTE REISEZEIT

Ganzjährig.

PREISE

Laut dem Deutschen Wellness Verband soll eine Minute Behandlung nicht mehr als einen Euro kosten. Die meisten Anbieter liegen um ca. € 45 pro Stunde. Massagen in Thailand gibt es schon unter € 10 pro Stunde.

42 Auf die Chinesische Mauer

Viele Menschen verbinden mit China den Gedanken an Billigwaren, Smog und mangelnde Freiheit. Doch das Reiseland China beeindruckt. Mit seiner über fünftausendjährigen Geschichte ist China eine der ältesten Zivilisationen der Welt und das am stärksten besiedelte Land der Erde. Und es wird durchzogen vom größten Bauwerk der Erde: der Chinesischen Mauer.

Die Chinesen nennen sie auch Große Mauer. Mit ihrer Länge von über achttausendachthundert Kilometern ist sie ohne Frage das bekannteste Wahrzeichen der Volksrepublik.

Erbaut von den Han-Chinesen zum Schutz vor den nomadischen Reitervölkern im Norden erstreckt sie sich vom östlichen Pass Shanhaiguan bis zum Pass Jiayuguan im Westen und besteht aus einem System mehrerer teilweise nicht verbundener Bauabschnitte und Bauweisen. Der erste Kaiser von China Qin Shihuangdi (221-210 v. Chr.) begann den Mauerbau. Seitdem wurde die Mauer immer wieder an- oder umgebaut. Die letzte große Umbauphase fand in der frühen Ming-Zeit statt. Dabei wurde die Mauer mit Ziegeln verkleidet und zum heutigen Ausmaß ausgebaut.

Der von Touristen am häufigsten besuchte Abschnitt liegt bei Badaling etwa siebzig Kilometer nordwestlich von Peking. Dieser Abschnitt wurde in den 1950er Jahren komplett restauriert und ist besonders schön. Die großen Wachtürme in Abständen von wenigen hundert Metern kann man über beide Seiten der Badaling-Festung über teils sehr steile Stufen erklimmen. Die Belohnung: Ein atemberaubender Ausblick über ein weites Land. Den sollte man unbedingt eine Weile genießen.

Ebenfalls sehenswert sind die Abschnitte bei Mutianyu, ebenfalls etwa siebzig Kilometer nördlich von Peking. Dort führt eine Seilbahn auf den Gipfel. Wer mehrere Tage wandern und verschiedene Abschnitte kennen lernen möchte, findet am Fuße der Chinesischen Mauer Unterkünfte in alten Bauernhäusern. Dabei trifft man auch auf Teile der Mauer, die in einem teils romantisch-unrenovierten, teils sehr schlechten Zustand sind, denn Einheimische nutzen sie gelegentlich als Steinquelle für den Bau von Häusern und Straßen. Seit 1987 gehört

die Chinesische Mauer zum UNESCO Weltkulturerbe, und auch die „Gesellschaft der großen chinesischen Mauer“ setzt sich für die Erhaltung ein.

REISEPLANUNG

Touren an der Chinesischen Mauer bieten zahlreiche Veranstalter an. Informationen z.B. unter www.amazing-china.de oder www.chinatours.de. Allgemeine Reise-Informationen zu China: www.china-tourism.de.

BESTE REISEZEIT

Chinas geografische Fläche ist etwas größer als die der USA und liegt etwa auf den gleichen Breitengraden. Die Lage in den großteils gemäßigten Zonen bietet Besuchern das ganze Jahr über Reisemöglichkeiten. Das Wetter ist durch achtzehn verschiedene Klimazonen sehr vielfältig. Die beste Reisezeit für die meisten Regionen sind die Monate April bis Juni und September bis November.

KOSTEN

Geführte Wanderungen ab etwa € 50. Bei Simatai bekommt man für knapp € 20 Zugang zum westlichen Mauerabschnitt „Gubei Shuizhen“. Der östliche Abschnitt ist gesperrt. Alternative: Gubeikou (unrenoviert) und der Wanderklassiker nach Jinshanling (teils renoviert). Nach Jiankou (recht unberührter Abschnitt) kommt man mit dem Taxi von Peking in etwa zwei Stunden für ca. € 120 hin und zurück. Allerdings kennen nicht viele Fahrer den richtigen Weg dorthin. Vorher erkundigen oder per Agentur buchen.

43 Kampf der Sumo-Giganten

Bauchfrei, nur bekleidet mit einer Art Lederhose, die schwarzen langen Haare zusammen gebunden und kräftig wie ein Stier, stehen sich zwei Männer in einem Kampfkreis gegenüber. Ganz klar, wir sind beim Sumo-Kampf in Japan. Die Rikishi oder auch Sumotoris – die traditionellen Sumoringer – stampfen mit den Füßen auf den sandigen Boden und stemmen die Hände in die Knie. Sie sammeln all ihre Kräfte, und dann geht es los.

Vor dem Wettbewerb wird die kreisrunde Kampfzone (dohyo) von bösen Geistern befreit. Diese Arbeit übernimmt ein Mitarbeiter mit Salz und Sake. Schon während des gemeinsamen

Aufwärmens geben die Ringer laute Schlachtrufe von sich. Wenn beide Gegner bereit sind, wird es für kurze Zeit ganz still. Konzentration. Nur die Griffe der Kolosse und das Stöhnen der Anstrengung sind zu hören. Bis der Kampf nach oft nur wenigen Sekunden schon wieder vorbei ist.

Die Regeln beim Sumo sind einfach: wer mit etwas anderem als den Füßen den Boden berührt oder den Ring verlässt, hat verloren. Faustschläge und das Ziehen an den Haaren sind verboten. Wer allerdings ordentlich zupacken kann, zum Beispiel an Gürtel (mawashi) und Armen oder Bauch des Gegners, der hat eine echte Chance, sein Gegenüber zu besiegen, ihn regelrecht aus dem Gleichgewicht zu bringen. Beim Sumo zählt aber nicht nur körperliche Stärke, sondern auch Willenskraft. Die wird im Training, das schon früh morgens beginnt, gefordert und gefördert. Der Weg dorthin ist nicht weit, denn Sumoringer leben und üben zusammen in speziellen Unterkünften, den heys, was übersetzt soviel bedeutet wie Stall, allerdings schöner aussieht.

Extrem wichtig ist die Ernährung. Sumoringer essen viel. Sehr viel. Pro Tag versuchen sie etwa zehntausend Kalorien zu sich zu nehmen, wenn auch auf möglichst gesundem Weg, mit japanischen Nudeln und Reis. Beliebt ist ein Eintopf namens „chankonabe", eine Suppe mit Hühnchen, Rind, Fisch und Gemüse. Dazu trinkt man japanisches Bier, das den Appetit anregt und ein paar Extrakalorien liefert. Zuerst dürfen die hochrangigen, schwersten Ringer, die „yokozuna", mit ihren einhundertfünfzig bis zweihundert Kilo Gewicht an die Stäbchen. Nach dem Essen verlassen sie die Plätze rund um den „nabe", den Topf, und die jüngeren Ringer folgen ihnen.

Sumo-Turniere bedeuten in Japan ein Riesenspektakel und werden begleitet von traditioneller Musik. Schiedsrichter in edlen Kimonos bewachen den Kampf aus nächster Nähe. Und natürlich das Publikum. Die Eintrittskarten für die größten Sumo-Turniere sind oft frühzeitig ausverkauft. Sumoringen ist eben Nationalsport, Kulturgut und Unterhaltung – besonders, wenn die Ringer den Zuschauern ungewollt sehr nahe kommen, denn nicht selten fallen beide Gegner gemeinsam aus der Kampfzone und stürzen kopfüber ins Publikum.

Am Ende des Turniertages betreten die Champions feierlich den Ring. Sie werden regelrecht vergöttert und tragen beim Einmarsch speziellen Schmuck um ihren Sumogürtel. Der Sieger des Turniers erhält einen Pokal, fast so groß und so schwer wie er selbst, dazu natürlich einen neuen Platz in der Rangliste der Sumo-Ringer sowie Ruhm und Ehre. Da ringen die Giganten am Ende nicht nur mit dem Gegner, sondern auch um die Fassung.

REISEPLANUNG

Das große Sumo-Turnier „Hon-basho" findet sechs Mal im Jahr statt, davon drei Mal in Tokio. Informationen auf der offiziellen Turnier-Seite www.sumo.or.jp. Wer Sumo ausprobieren möchte, bucht einen Trainingstag über eine Agentur, zum Beispiel über www.exotissimo.com. Für alle anderen bleibt immer noch ein Besuch im Sumo-Museum in Tokio. Informieren kann man sich über die englische Website www.seejapan.co.uk.

BESTE REISEZEIT

Sumo-Turniere finden in den ungeraden Monaten statt: In Tokio im Januar (ab dem ersten oder zweiten Sonntag des Monats), im Mai und September (vom zweiten bis vierten Sonntag). Weitere Turniere: in Osaka im März, Nagoya im Juli und Fukuoka im November (jeweils vom zweiten bis vierten Sonntag des Monats).

PREISE

Eintrittskarten für Turniere ab ca. € 15 beim japanischen Sumo-Verband Nihon Sumo Kyokai, im Ticketshop in Downtown Tokio sowie online. Besuch eines Trainings über das Japanische Kulturinstitut IJCCE ab ca. € 80 Euro, www.ijcee.com.

44 Urlaub in schwimmenden Dörfern

Das Haus aus Schilf, der Boden aus Schilf, die Möbel aus Schilf. Die Einwohner des indigenen Volkes der Uros am Titicacasee in Peru sind Schilf-Experten und haben aus dem weichen Material ein ganzes Dorf gebaut. Das Besondere: Ihr Dorf steht nicht an Land, es schwimmt. Rund zweitausend Menschen leben hier auf fünfzig schwimmenden Inseln.

Am und im See wächst das Totora-Schilf zu Genüge. Viel zu viel wächst hier, um nicht etwas Sinnvolles damit anzustellen. Die Uros machen sich diese Binsenart zu Nutze. Sie schneiden die Pflanzen ab, legen und binden sie kreuzweise in mehreren Lagen und verankern sie mit Pflöcken im Schlick. Die Wurzel und der untere Stamm bleiben dabei immer stehen, so dass das Schilf nach wenigen Monaten nachwächst und immer wieder neues Baumaterial zur Verfügung steht – nachhaltiger kann man nicht bauen. So errichten sie zuerst den Boden unter den Füßen, dann die Häuser darauf, aber auch die Taxi- und Fischerboote entstehen aus Schilf. Immer wieder stehen auch Restaurierungen an. Der Boden der Schilfinseln muss regelmäßig ausgetauscht werden, weil er sonst zerfallen würde. Nach der harten Arbeit gibt es zur Belohnung einen getrockneten Wasservogel und einen guten Film. Denn trotz aller Ursprünglichkeit stehen in den Schilfhäusern der Uros Fernseher mit Solarbetrieb.

Der Titicacasee ist der höchste kommerziell schiffbare See der Erde. In früheren Zeiten diente er den Uros als Zufluchtsort bei Kriegen. So bauten sie zunächst Floße aus Schilf, auf denen sie, wenn Gefahr drohte, ablegen konnten und nicht mehr angreifbar waren. Inzwischen freuen sich die Uros über den zunehmenden Tourismus.

Für Besucher gilt Gemächlichkeit. Da der See auf einer Höhe von über dreitausendachthundert Metern liegt, sollte man alle Aktivitäten langsam starten. Als Geheimtipp gegen die Höhenkrankheit empfehlen die Uros eine Spezialität der Region, die Caldo de Cabeza de Cordero (Schafkopfsuppe): Als heiße Mahlzeit soll sie Übelkeit und Kopfweh vertreiben. Bei manchen verursacht allerdings nur der Gedanke daran schon selbiges. Wer es etwas einfacher mag, der kann in Puno wunderbar Fisch essen. Der „Pejerrey", ein argentinischer Ährenfisch, und „Trucha" (Forelle aus Nordamerika) finden häufig in der regionalen Küche Platz.

REISEPLANUNG

Die schwimmenden Inseln im Titicacasee erreicht man von der Stadt Puno aus (anderthalb Flugstunden von der peruanischen Hauptstadt Lima entfernt). Individualreisende kaufen ihre Tickets für die Bootsfahrt zu den Inseln am Hafen von Puno. Die Fahrt mit dem Boot dauert eine halbe Stunde, die Boote legen mehrmals täglich ab. Wer mag, kann sogar bei den Uros übernachten. Informationen findet man unter www.peru.travel/de, Touren bucht man zum Beispiel bei www.andinotours.de.

BESTE REISEZEIT

Ganzjährig. Von Januar bis März muss man mit Regenschauern rechnen. Jährlich am 4. November feiern die Peruaner die Gründung ihrer Region. Dabei wird die Legende von Manco Cápac und Mama Ocllo, die dem Titicacasee entstiegen sind, um das Inkareich zu gründen, nachgespielt.

PREISE

Tickets für die Bootsfahrt kosten ab ca. € 12, ab ca. € 25 kann man über Nacht bleiben.

45 Wo der Pfeffer wächst: ernten, kochen, kosten

Die kleinen grün-roten Körner liegen in der Hand wie Mini-Murmeln. Der wahre Duft verbreitet sich aber erst, wenn die Kugeln getrocknet und gemahlen sind. Zuerst steigt er in die Nase, dann in die Augen. Schwarzer Pfeffer, das indische Gold, wächst in Indien auf weitläufigen Plantagen, oft als Mixkultur zwischen den Schatten spendenden Bäumen der Tee- und Kaffeeplantagen und ist ein wichtiges Exportprodukt des Landes. Im Staat Kerala im Südwesten Indiens herrschen die perfekten Bedingungen für das Gewürz. Hier wachsen fast neunzig Prozent des indischen Pfeffers. Die Lage Keralas am Arabischen Meer und der jährlich einsetzende Monsun zwischen Juni und Oktober sorgen für den nötigen Wind und genug Wasser von oben. Auf Grund der Lage herrschen ganzjährig tropische Temperaturen. Eigentlich bedeutet Kerala übersetzt „Land der Kokospalme". Fast die Hälfte der gesamten Kokosnussernte des Landes stammt aus Kerala, aber auch Reis, Kautschuk, Kaffee, Kakao, Ingwer, Vanille, Zimt und eben Pfeffer sind hier zuhause.

Vor allem in der Region Wayanad werden tausende Hektar Land zur Pfefferproduktion genutzt. Über fünfzigtausend Tonnen Pfeffer jährlich kommen so zusammen und werden großteils exportiert. Besonders beliebt sind der Karimunda Pfeffer und der Kottanadan aus Südkerala, Narayakodi aus Zentralkerala und Aimperian aus Wayanad. Insgesamt gibt es in Indien über fünfundsiebzig Pfefferkulturen, und jede Sorte bringt ihren ganz eigenen Geschmack mit. Außerdem schmeckt Pfeffer nicht nur gut. Auch seine medizinische Wirkung wird in der indischen Küche genutzt. So wirkt Pfeffer entzündungshemmend und beeinflusst die Verdauung positiv. Vor allem in der ayurvedischen Medizin wird Pfeffer gerne für die Steigerung des „Pitta" genutzt, um widerstandsfähiger, willensstärker und aktiver zu machen.

Mit Öl zu einer zähen Paste verarbeitet, soll er gegen Muskelschmerzen helfen.

Pfeffer wächst übrigens ähnlich den Johannisbeeren mit mehreren kugelförmigen Früchten an einem kleinen Ast und kommt grün, also noch unreif, vom Baum. Zweimal pro Jahr kann geerntet werden. Erst durch das Trocknen wird der Pfeffer schwarz und erhält seine köstliche Schärfe. Die Pfefferernte ist stets mühevolle Handarbeit in schwindelerregender Höhe. Die Kletterpflanze rankt bis zu zehn Meter an ihren Partnerbäumen hoch.

Mit etwas Glück können Gäste sogar ein bisschen helfen und natürlich auch mal probieren. Die Deutsche Katja Gunzinam hat sich vor acht Jahren in Kerala, in der Gegend von Kannur im Norden, niedergelassen und dort zusammen mit ihrem indischen Mann Ranjit Gabriel eine kleine Reiseagentur namens Experience India auf die Beine gestellt. Für Touristen stehen Gewürz-Seminare, Kochkurse, Marktbesuche und Workshops zur medizinischen Wirkung von Pfeffer, zum Teil gemeinsam mit Einheimischen, auf dem Programm. Wer einmal das Spektakel einer Gewürzauktionsbörse erleben möchte, fährt nach Wayanad, etwa vier Fahrstunden von Kannur entfernt. Dort stehen die Gewürz-Säcke zu Tausenden bereit für den Export.

REISEPLANUNG

Neben Auktionen, Medizin und Ernte von Pfeffer steht natürlich bei den meisten Touristen die indische Küche hoch im Kurs. Die Zubereitung köstlicher indischer Currys lernt man bei Katja und Ranjit: www.experience-india.de.

BESTE REISEZEIT

Ganzjährig. Überwiegend trocken ist es von Oktober bis Mai.

PREISE

Ein Einwöchiger traditioneller Kochkurs bei Experience India inklusive Unterkunft kostet ab ca. € 420. Freiwilligendienst in der Landwirtschaft ab ca. € 520 pro Monat inkl. Unterkunft.

46 Heiraten außergewöhnlich

„Willst du mich heiraten?" „Blubb!" So ähnlich könnte es bei einer Unterwasserhochzeit zugehen. Nur dass hier niemand wirklich spricht, sondern Schilder hoch hält. Wasserreiche Hochzeiten sind gar nicht so selten und haben den Vorteil, dass Tränen nicht weiter auffallen. In zehn Meter Tiefe, umgeben von reichlich Süßwasser, geben sich Brautpaare im Tauchcenter Rheinbach bei Bonn das Ja-Wort - in voller Tauchermontur und Festkleidung. Das Zeichen der Willensbekundung lesen Partner und Standesbeamte von einem Schild ab. Für den Fall, dass es sich ein Brautpartner spontan anders überlegt, ist ebenfalls gesorgt. Braut und Bräutigam müssen auch ein Schild mit dem Aufdruck „Nein" mit unter die Wasserunterfläche nehmen. Und noch ein Schild darf auf keinen Fall fehlen: Weil nämlich der Hochzeitskuss mit Atemmaske nur sehr schwer umsetzbar ist, hält der Standesbeamte – ein ausgebildeter Marinetaucher – dem Bräutigam zum Abschluss das Schild „Sie dürfen die Braut jetzt beatmen" vor die Taucherbrille.
Während der Zeremonie wird das Tauchcenter Monte Mare als „Außenstelle des Rheinbacher Standesamts" deklariert. Die Eheschließung ist damit rechtskräftig. Mehrmals im Jahr wird das Indoor-Tauchzentrum für Trauungen genutzt. Das Tauch-Team sorgt dafür, dass dieser schöne Tag im Wasser stattfindet, aber auf keinen Fall ins Wasser fällt. Bei einem ersten Treffen oder Telefonat werden die Wünsche des Brautpaares für die Unterwasserhochzeit aufgenommen, vom Sektempfang bis zum Blumenschmuck und vom Fotograf mit wasserfester Ausrüstung bis hin zum Schnuppertauchkurs für die Brauteltern, die sich die Zeremonie nicht entgehen lassen wollen. Voraussetzung für die Hochzeit unter Wasser ist ein Tauchschein (OWD) und ein gültiges Tauchtauglichkeitsattest. Fische gibt es übrigens keine im Tauchbecken – auch nicht auf Bestellung.

REISEPLANUNG
Praktische Informationen zu Unterwasserhochzeiten in Rheinbach findet man unter www.monte-mare.de.

BESTE REISEZEIT
Ganzjährig

PREISE
Die Preise variieren nach Anzahl der tauchenden Personen. Für vier tauchende Personen muss man etwa mit 200 bis 250 Euro rechnen.

Hochzeit auf der Zugspitze

Dem Himmel ganz nah: Wer den Ruf der Berge den Tiefen des Meeres vorzieht, kann zur Hochzeit auch auf den höchsten Gipfel Deutschlands kraxeln. Auf fast dreitausend Meter Höhe oben auf der Zugspitze trotzt Deutschlands höchstes Gotteshaus seit drei Jahrzehnten Wind und Wetter. Vierhundert Hubschraubereinsätze waren für den Bau nötig.

Die kleine Kapelle mit dem Namen „Maria Heimsuchung" wurde im Jahr 1981 von Kardinal Joseph Ratzinger, dem vorigen Papst Benedikt XVI., geweiht. Heute feiern gelegentlich Paare an diesem besonderen Ort den schönsten Tag des Lebens. Damit die Eheschließung nicht nur romantisch, sondern auch rechtskräftig wird, macht sich ein Beamter des Standesamtes Garmisch-Partenkirchen mit den Brautleuten zusammen auf den Weg zum Gipfel.

REISEPLANUNG

Das Standesamt Garmisch-Partenkirchen veranstaltet einmal pro Monat einen Trautag in der Gletscherhütte Sonn-Alpin. Bis zu sechs Paare können dann getraut werden. Gäste, denen die Puste für den Aufstieg fehlt, erreichen den Gipfel natürlich auch mit der Bergbahn.
Information und Anmeldung unter www.buergerservice.gapa.de

BESTE REISEZEIT

Ganzjährig.

PREISE

Zusätzlich zu den üblichen Eheschließungs-Gebühren fällt eine Aufwandspauschale von ca. € 150 an. Dazu kommen die Kosten für die Bergbahnfahrt.

BAHIA LAURA

5 Wissenschaft & Technik

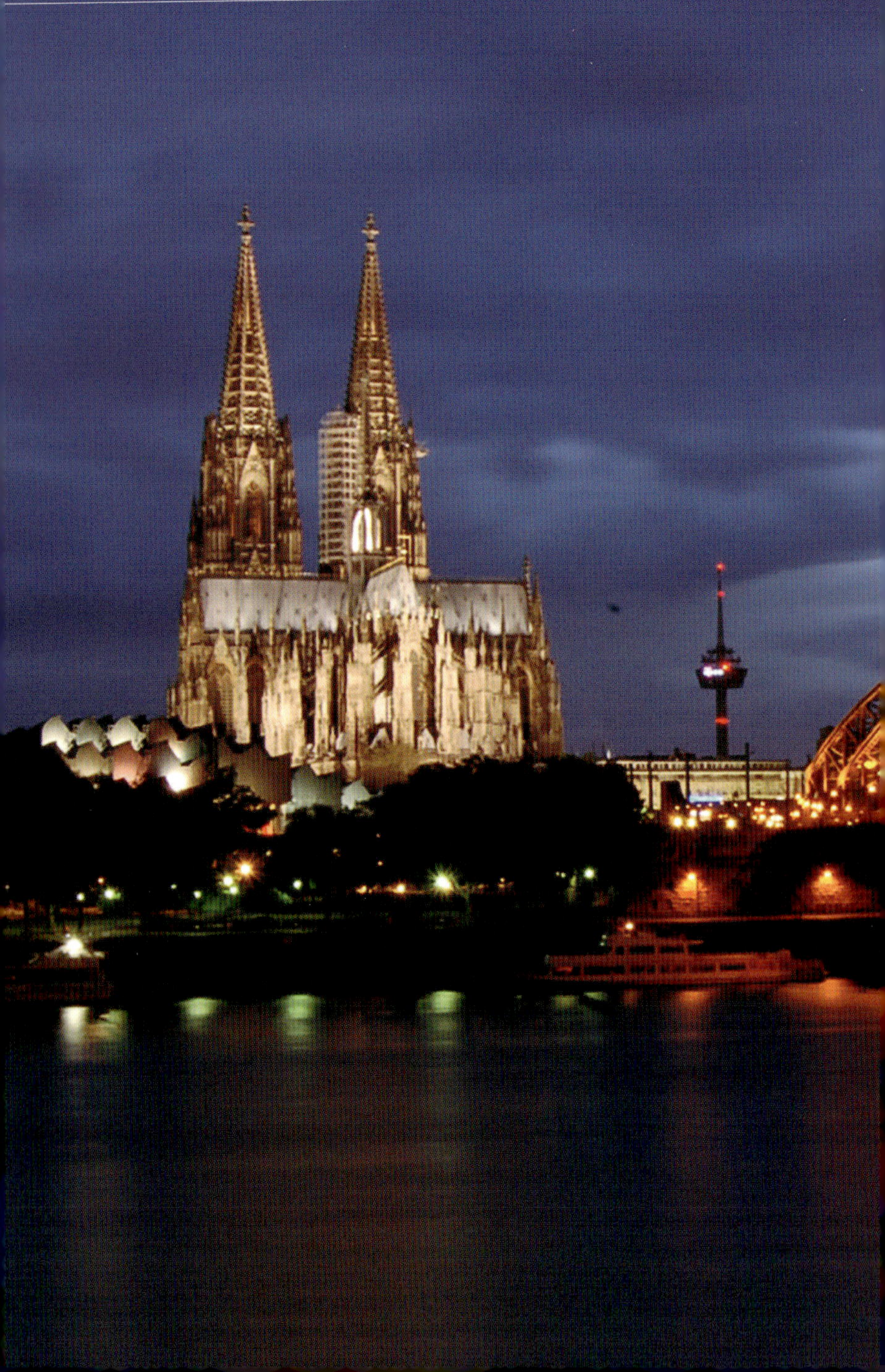

47 Dem Kölner Dom aufs Dach steigen

Das Dach der Dächer: Jedes Jahr schießen Tausende Touristen ihre Fotos von der gotischen Kathedrale. Das alleine ist schon eine Herausforderung, denn Deutschlands berühmtestes Bauwerk, fertig gestellt im Jahr 1248 thront mit seinen einhundertachtundfünfzig Metern andächtig über der Stadt und lässt sich nur von wenigen Stellen aus vollständig ablichten. Wem das nicht genug Herausforderung ist, der kann seine Bilder auch von oben machen. Regelmäßig werden vom Kölner Dombau Domdach-Führungen angeboten. Eine kleine Gruppe darf dann per Aufzug oder per Pedes dem katholischen Wahrzeichen aufs Dach steigen. Oben erwartet den Gast nicht nur eine sagenhafte Aussicht, sondern auch die filigrane Eisenkonstruktion des Daches und so manche Kuriosität, wie zum Beispiel die Fußbodenheizung aus römischer Zeit.
Übrigens wird die stark verwitterte Fassade des Doms Tag für Tag ein Stück restauriert. Und man munkelt, dass alle heute lebenden Menschen auf der Welt den Dom nicht mehr ohne Baugerüste sehen werden.

REISEPLANUNG

Öffentliche Domdach-Führungen finden montags und mittwochs um 17 Uhr und 17.30 Uhr statt. Weitere Informationen zu Gruppenführungen unter www.domfuehrungen-koeln.de und www.dombau-koeln.de.

BESTE REISEZEIT

Ganzjährig.

PREISE

Eintritt ca. € 10 pro Person.

48 Kochen mit Pulver, Dampf und Phantasie

Ein Biss vom Lachshäppchen und schon dampft man aus der Nase. Der Cocktailschaum britzelt auf der Zunge. Und die Nudeln werden ohne Kochen gar. Das alles funktioniert auch ohne komplettes Chemielabor. Ein paar Pipetten, Petrischalen und ausgeklügelte Phantasien genügen, um Lebensmittel zu verwandeln. Es entstehen molekulare Kunstwerke, die nicht nur essbar, sondern ein echtes Erlebnis sind.

Neben Topf, Messer und Mixer gehören verschiedene Pülverchen und zum Beispiel flüssiger Stickstoff unabdingbar in die Küche eines Molekularkünstlers. Damit können bei minus 196 Grad zum Beispiel Effekte wie Dampf und Knuspern erzeugt werden, die man sonst bei zartem Fisch auf Käsepumpernickel nicht unbedingt erwartet. „Zaubern" lassen sich aber auch

Sorbets, die am Ende qualmen und britzeln. Und Cocktails bekommen plötzlich eine Hülle und werden zu Drops, so dass man sie mit auf eine Feier nehmen oder zur Dekoration von Süßspeisen nutzen kann. Auch warmes Eis ist in der Molekularküche nicht ungewöhnlich. Mit Kochen hat die molekulare Kunst allerdings nicht so viel zu tun. Denn den Herd braucht man eher selten. Viel mehr geht es um ein neues Gefühl auf der Zunge und um das kreative Erlebnis beim Zubereiten selbst. Als Vorspeise gibt es zum Beispiel eine heiße Suppe mit giftgrünen Methylcellulose-Nudeln, als Hauptgang „verkehrt-sphäriphizierte Mozarellakugeln", und zum Nachtisch einen bunten Spoon-Cocktail mit Fruchtschaum. Ganz legal. Alles, was man braucht, sind ein paar „normale" Lebensmittel, die die Grundlage bilden. In diesem Fall

also Mozzarrella, Basilikum und Orangensaft. Dann kommen die molekularen Zutaten ins Spiel.

Für den molekularen Mozzarella werden die Käsekugeln zuerst zerhackt, dann mit Sahne verrührt, später kommt Cluco (Calciumlactat, Calciumgluconat) aus dem kleinen Chemiekochkasten hinzu. Man verflüssigt den Käse damit, dann legt man ihn Löffel für Löffel in eine Lösung aus Natriumalginat und Wasser. Nach einigen Minuten geliert das Natriumalginat, die Flüssigkeit ist dann gefangen in einer Sphäre, in der sich eine Hülle bildet. Beim darauf Beißen platzt diese Hülle und verpasst dem Käsegericht einen spektakulären Knall.

Die Basilikumnudel braucht eine kalte Flüssigkeit (Basilikum-Wasser), „gewürzt" mit Salz und Methylzellulose, so dass eine froschgrüne Masse entsteht. Die Methylcellulose kennt man übrigens vom Tapetenkleister. Der ist so lange flüssig, bis er in etwas Warmes kommt. Mit einer Spritze spritzt man den Basilikumschleim also in warme Brühe, so entsteht eine lange Bandnudel.

Molekulares Kochen braucht ein wenig Übung. Die ersten Versuche können durchaus schief gehen. Aber das Üben macht in diesem Fall viel Spaß. Der „Cocktail" ergibt am Ende im besten Fall eine Schichtung aus gelbem Orangensaft-Schaum und rotem Kirsch-Schaum, dekoriert mit ein paar Cocktail-Drops. Die verwendeten Zutaten haben auf den ersten Blick ungewöhnliche Namen und verschiedene chemische Eigenschaften. Natriumalginat beispielsweise (E 401) besteht aus Braunalgenextrakten und wirkt wie ein Geliermittel, sobald es in Kontakt mit Calciumlactat (E 327) oder Calciumgluconat (E 578) kommt. Xantana (E 415) ist eine besondere Maisstärke, die durch Gärung von Bakterien gebildet wird und Lebensmittel verdickt.

Viele der über eintausend in der Lebensmittelindustrie zugelassenen Zusätze werden in Großküchen und Restaurants verwendet. Die Soßen sind nicht ohne Grund so schön schaumig, und die Mousse au Chocolate wird nicht von alleine fluffig. Auch im Supermarkt findet man nur noch wenige Produkte, die ohne chemische Zusätze auskommen.

REISEPLANUNG

Wer ausprobieren möchte, wie fluoreszierende Garnelen-Creme oder geräucherte Schoko-Mousse schmecken, besucht einen Molekular-Kochkurs unter professioneller Anleitung. Tages-Kochkurse bietet zum Beispiel im Ruhrgebiet der Molekularkoch Heiko Antoniewicz in seiner Dortmunder Akademie. (www. antoniewicz.org). Die italienische Variante der Molekularküche praktiziert in München Angelo Zicaro in seinem Restaurant und der angeschlossenen Kochschule: www.angelo-kochschule.com.

BESTE REISEZEIT

Ganzjährig.

PREISE

Molekular-Kochkurse bei Angelo Zicaro in München ab ca. € 110. Molekulares Kochen in der Dortmunder Kochschule von Heiko Antoniewicz ab ca. € 220.

49 Für einen Tag Astronaut sein

Countdown to launch, ten, nine, eight, seven, six, five, four, three, two, one, lift off! Eine Rakete erhebt sich mit ohrenbetäubendem Lärm in Richtung Weltall. An Board: glückliche Besucher des Kennedy Space Center in Florida und jede Menge Adrenalin!

Im Besucherzentrum der NASA kann man nicht nur zugucken, wie Raketen in den Weltraum geschossen werden, man kann auch selbst Astronaut werden, wenn auch nur für einen Tag und ohne echten Flug ins All. Trotzdem sollte man für den simulierten künstlichen Kosmos schwindelfrei und ausdauernd sein, denn der Alltag eines Astronauten bedeutet harte Arbeit.

Wer am eigenen Leib erleben möchte, welch extreme Bedingungen der menschliche Körper im All aushalten muss, der ist im NASA Besucherkomplex richtig. Hier darf man ein echtes Astronauten-Training absolvieren, sich von Flugsimulatoren durchschütteln lassen und darüber staunen wie die Erde von oben aussieht.
Auf dem Tagesprogramm steht unter anderem ein Flug mit dem Multi-Achsen-Trainer, einem Gerät, das aus mehreren Ringen besteht, die sich alle in andere Richtungen drehen. Im inneren Ring festgeschnallt dreht man im wahrsten Sinne des Wortes durch. Am Ende werden Rollen verteilt, vom Commander bis zum Co-Piloten, und dann heißt es Teamarbeit, denn am Spaceshuttle müssen Reparaturen erledigt werden, und neue Flüge wollen geplant sein. Im echten All ist man übrigens nicht nur schwerelos, sondern tatsächlich ziemlich schwer: Ein Raumanzug wiegt nämlich gute einhundertvierzig Kilo, so dass man auf der Erde nicht damit voran kommen würde. Gewöhnungsbedürftig ist auch die spezielle Astronautennahrung. Im Kennedy Space Center gibt es zum Glück Restaurants mit ganz bodenständigem, amerikanischem Essen.

REISEPLANUNG

Das Kennedy Space Center liegt nahe Orlando auf der Insel Cape Canaveral im Atlantik. Die Insel gehört zur NASA, die jedoch das vom Staat finanzierte Weltraum-Programm aus Kostengründen eingestellt hat. Deshalb finden keine echten Shuttle-Starts mehr statt, das Gelände ist jedoch für Besucher zugänglich. Neben den Astronauten-Trainingstagen und Führungen verschiedenster Art bietet auch die Light-Version, ein Tag im Besucherzentrum, spannende Weltraum-Erlebnisse: simulierte Shuttle-Starts, 3-D-Filme über verschiedene Missionen im Imax-Kino, und einen Besuch im Rocket Garden, wo man die ausgemusterten Modelle live anschauen kann.
Informationen unter www.kennedyspacecenter.com

BESTE REISEZEIT

Ganzjährig.

PREISE

Eintritt ins Besucherzentrum des Kennedy Space Center für Erwachsene ab ca. € 36, für Kinder ab ca. € 30. NASA Astronauten Training ab ca. € 105. Kleinere Kinder dürfen an einem speziellen Familien-Astronauten-Training teilnehmen.

WELTRAUM-ERLEBNIS IN DEUTSCHLAND

In Europa ist das Europäische Astronautenzentrum der ESA (EAC) zuständig für Weltraum-Flieger – allerdings für diejenigen, die von Berufs wegen im All unterwegs sind. Als Zusammenschluss der Nationalen Raumfahrtagenturen, z.B. der französischen CNES, der italienischen ASI und des deutschen DLR, führt die ESA Trainings für alle europäischen Astronauten durch, und zwar auf dem Gelände des Deutschen Zentrums für Luft- und Raumfahrt (DLR) in Köln. Auch hier sind Besucher zugelassen: Wer sich die Raumfahrtforschung einmal näher anschauen will, kann sich für eine kostenlose Führung anmelden. Wenn Köln zu weit entfernt liegt: Das DLR ist bundesweit an sechzehn Standorten vertreten, darunter Berlin, Hamburg und Stuttgart. Informationen beim Deutschen Zentrum für Luft- und Raumfahrt, www.dlr.de.

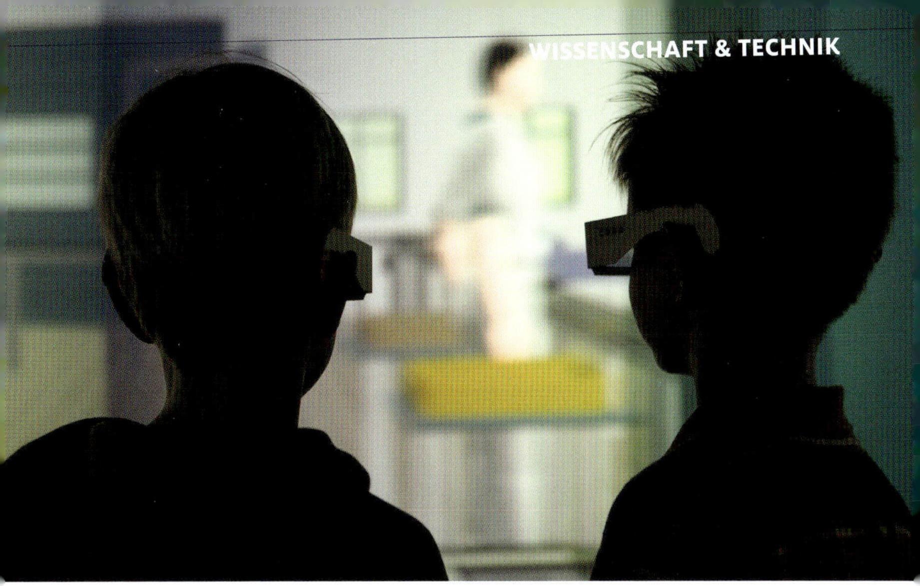

50 Airbus fliegen, Brummi lenken, Bagger fahren

Sausende Webstühle, rotierende Druckerpressen, lebende Lagerhallen und mitten drin ein halbes Flugzeug, dazu unsichtbare Chemikalien, die man doch irgendwie anfassen kann, Riesencomputer, Roboter und rostige Elektrostahlöfen – das alles gibt es in der DASA Arbeitswelt Ausstellung in Dortmund. Arbeit, Wissenschaft und Technik zum Angucken, Anfassen und Mitmachen.

Die DASA ist die größte interaktive Arbeitsweltausstellung Deutschlands. Eine Sammlung von Industriegütern aus den letzten Jahrhunderten, alten Schätzen, aber auch neuesten Innovationen, verteilt auf die Fläche von zweieinhalb Fußballfeldern – das ist ein Erlebnispark für Kinder und Erwachsene. An allen Ecken zischt, scheppert und flackert es. Und man kann sogar abheben, zumindest virtuell. Im Bereich „Am Bildschirm" darf nämlich jeder Gast ab

fünfzehn Jahren ausprobieren, wie es sich anfühlen würde, wenn man doch Pilot geworden wäre. Ganz ohne Pilotenschein und Flugausbildung steigt man hier in das Cockpit des Airbus A320, nimmt entspannt auf dem Kapitänssitz Platz und fliegt los. Die Außenwelt wird auf 180-Grad-Projektionen in die Flugzeugscheiben geworfen und wirkt völlig real. Zwanzigtausend Flughäfen weltweit können angesteuert werden! Während des „Fluges" funktionieren die Echtzeit-Warnungen des Autopiloten perfekt, das Wetter spielt mit und schickt gelegentlich kleinere Turbulenzen, und dann geht es durch die Einflugschneise, vorbei an Häusern und Bäumen auf die gewählte Landebahn.

Dem Anfänger kann da schon mal mulmig zumute werden. Ein geschulter Co-Pilot, in diesem Fall ein Mitarbeiter der DASA, hilft, zwischen den unzähligen Knöpfen und Anzeigen den Überblick zu finden. Und wer weiß, vielleicht klappt es ja sogar mit einer sanften Landung auf dem Dortmunder Flughafen. Denn der Flugsimulator ist nicht nur dazu da, um fliegen zu lernen, sondern auch, um die richtige Position bei lange sitzenden Tätigkeiten und der Arbeit mit Monitoren zu finden.

Ähnlich spannend ist der LKW-Simulator in der Stahlhalle. Er versetzt uns in die Lage eines Berufskraftfahrers. Denn der hat alles andere als einen leichten Job: langes Sitzen gehört dazu, permanenter Lärm auf den Straßen, Termindruck, Abgase. Wie sich das anfühlt, erfahren Gäste ab zehn Jahren. Allerdings funktioniert hier nichts, bevor man nicht vernünftig angeschnallt ist. Erst dann startet die 3-D-Simulation, und es geht hinter einem übergroßen Lenkrad durch Gummersbach, Wuppertal oder Köln. Je nach Können fährt man bei viel oder wenig Verkehr, Unwetter oder Schneechaos, mit Sattelschlepper oder bei Nacht, so dass jeder Fahrer auf seine Kosten kommt. Und wenn man bedenkt, dass pro Jahr rund zweihundert Millionen Tonnen explosives, radioaktives, giftiges und brennbares Material in LKW auf Autobahnen, Fernstraßen und Landstraßen durch Deutschland rollen, bekommt man doch gleich ein anderes Gefühl für den Beruf des Kraftfahrers.

Fiel der erste Berufswunsch eher in die Kategorie Baggerfahrer, lässt sich auch dieser Traum hier weiter träumen: Bagger und Gabelstapler stehen zum Ausprobieren bereit. In einer Art Geisterbahn gondelt man durch eine Lagerhalle und begegnet den Tücken des echten Lebens namens Logistik.

Insgesamt bietet die DASA zwölf verschiedene Themenwelten und unzählige Mitmach-Stationen, an denen man ausprobieren und lernen kann.

REISEPLANUNG

Die DASA ist die ständige bildungsaktive Einrichtung der Bundesanstalt für Arbeitsschutz und Arbeitsmedizin und informiert über die Arbeitswelt und ihren Wert für Individuum und Gesellschaft. Informationen unter www.dasa-dortmund.de. Öffnungszeiten: dienstags bis freitags von 9 bis 17 Uhr, samstags und sonntags von 10 bis 18 Uhr.

BESTE REISEZEIT

Ganzjährig.

PREISE

Eintritt für Erwachsene 5, für Kinder ca. € 3.

51 Im Bauch der Brücke

Über sieben Brücken musst du gehen - oder selber in der Brücke stehen. Köln wird umgeben von siebeneinhalb Brücken – wenn man es genau nimmt, und die Kölner nehmen es genau. Denn die Leverkusener Autobahnbrücke liegt linksrheinisch, also zur Hälfte auf Kölner Stadtgebiet. Die Deutzer Brücke aber gehört vollständig in die Domstadt. Sie ist zweifellos die bekannteste Kölner Brücke, denn sie führt in die Altstadt und gehört außerdem zu den wenigen Plätzen in Köln, von wo ein fast vollständiger Blick auf den Dom möglich ist. Fußgänger und Radler haben dafür genug Zeit und finden auf beiden Seiten der Brücke Wege.

Was den meisten Köln-Besuchern dabei entgeht: Die Brücke lässt sich auch von innen anschauen. Weil ihre Konstruktion zum Teil hohl ist, kann man an der Markmannsgasse und am Deutzer Ufer in den Brückenbauch einsteigen. Wer sich weit genug hinein traut, erhascht durch eines der kleinen Fenster sogar einen Ausblick auf den Rhein. Der Besuch ist allerdings nur im Rahmen einer Führung möglich.

Der aktuelle Bau der Deutzer Brücke ist inzwischen fast siebzig Jahre alt. Die Konstruktion besteht aus einem Stahlteil aus den Jahren 1946/47 und einem Betonteil, der 1980 in Betrieb genommen wurde. Achtundzwanzigtausend Tonnen Gewicht „schweben" über dem Rhein.

REISEPLANUNG

„Auf" die Deutzer Brücke gelangt man täglich, den Dom-Blick gibt es kostenlos dazu. „In" die Brücke darf man nur im Rahmen einer Führung, die viermal pro Jahr von der Volkshochschule Köln angeboten wird und etwa anderthalb Stunden dauert. Termine findet man unter www.stadt-koeln.de/leben-in-koeln/volkshochschule und über das Amt für Brücken und Stadtbahnbau. Allgemeine Infos rund um Köln www.koelntourismus.de

PREISE

Die Teilnahme an einer Führung kostet ab ca. € 7 pro Person.

52 Auf den Spuren der Goldsucher

Sieben im Sand hat natürlich jedermann früh im Leben gelernt. Im österreichischen Bad Hofgastein wird heute noch gesiebt: Sommer für Sommer watscheln gestandene Erwachsene in Gummistiefeln durch Bäche und an Flussrändern, auf der Suche nach dem glänzenden Glück. Und sie werden fündig! Wobei die Ausbeute inzwischen meistens gering ausfällt. Dennoch: Goldwaschen ist und bleibt in Österreich eine Tradition und eine gesellige Freizeitbeschäftigung an der frischen Luft. Und reich wird man sicher: an schönen Erlebnissen.

Früher war Gastein vor allem für seine Goldwäscher bekannt. Im Tal verliefen zahlreiche Goldadern, und von Nah und Fern kamen Menschen, um ihr Glück zu finden.

Die Region gehört zum Nationalpark Hohe Tauern. Hier liegen auch die höchsten Berge Österreichs: der Großglockner und der Großvenediger. Bad Gastein und vor allem Rauris gehörten im 14. und 15. Jahrhundert zu den größten Goldabbaugebieten Europas. Mit etwas Glück und viel Geduld kann man auch heute noch eine kleine Mengen Goldstaub aus dem Schlamm sieben. Da Gold schwerer ist als Sand, sinkt es nach unten und setzt sich im Sieb, dem sogenannten Sichertrog oder der Pfanne, am Boden ab. Allerdings sind heute nur noch kleine Nuggets zu finden. Wer fündig wird, darf sein Gold selbstverständlich behalten und kann den Gewinn abends direkt im Casino des Ortes wieder anlegen oder in die nächste Exkursion investieren. Um Bad Gastein kann man nämlich auch wunderbar Skifahren, Wandern, Radeln oder im Thermalbad einfach entspannen.

Weil die Suche nach Gold aber nur an bestimmten Stellen von Erfolg gekrönt ist, sollte man sich erfahrenen Goldwäschern anschließen. Im Kurs lernt man potenzielle und offizielle Fundstellen sowie mögliche Goldgruben kennen - oft sind die besten Fundstellen Kiesbänke, die von einem Hochwasser neu aufgeschwemmt wurden, oder Flusskurven und strömungsarme Felsseiten. Dazu lernt man die richtige Siebtechnik, eine Mischung aus Sieben, Drehen und Schütteln. Mit einem feinmaschigen Netz, einer kleinen Schaufel, einer Pinzette und Pipette sowie einem schmalen Plastikrohr geht es dann ans Werk. In Rauris werden sogar jedes Jahr die Goldwaschmeisterschaften veranstaltet.

REISEPLANUNG

Wichtig ist die richtige Kleidung: Gummistiefel und wetterfeste Kleidung. An reißenden und tiefen Flüssen sollte man immer vorsichtig arbeiten. Da Gold sehr schwer ist, bleibt es vor allem in Rissen am Bachboden und an Flussbiegungen liegen, wo die Fließgeschwindigkeit etwas geringer ist. Termine und Waschplätze findet man unter www.gastein.com.

Goldwaschen ist auch an einigen Stellen in Deutschland möglich, z.B. entlang des Rheins, in der Eifel und am Grümpen in Thüringen. Informationen unter www.goldsucher.de.

BESTE REISEZEIT

Juni bis Oktober

KOSTEN

Die Teilnahme an einem Goldwasch-Kurs kostet ab ca. € 6 für einen halben Tag.

53 Ein Zug, ein Land, ein Wodka

Das Bett ruckelt im Rhythmus mit, die Wasserflasche klappert auf dem kleinen Tisch, und für das Gepäck ist nicht allzu viel Platz vorhanden. Auch die Betten in den weniger luxuriösen Abteilen sind nicht gerade der erholsamste Ort. Und trotzdem fahren jedes Jahr Tausende Touristen mit der Transsibirischen Eisenbahn von Moskau nach Wladiwostok am Japanischen Meer. Die längste Eisenbahnstrecke der Welt führt auf exakt 9.288 Kilometern durch zwei Kontinente, sieben Zeitzonen, über Brücken, durch Tunnel, vorbei an Kilometer langen Wäldern und mehr als vierhundert Haltestellen.

Wer mit der Transsibirischen Eisenbahn fährt, macht mehr als eine Reise. Die Fahrt bedeutet ein Stück russischer Kultur und kann erheblich zur Völkerverständigung beitragen. Mit Visum, heißem Tee und ab und zu einem Wodka lassen sich die über einhundertsechzig Stunden Fahrzeit wunderbar verbringen. Vor allem, wenn man an den berühmtesten Bahnhöfen aussteigt und sich das anschaut, was die Transsibirische Eisenbahn erst zu einem Mythos macht: Städte wie Jekaterinburg, Novosibirsk, Irkutsk am Baikalsee oder Khabarowsk am Amur. Das Leben neben den Schienen ist es, was die meisten Touristen anlockt. Hier kauft man gefüllte Teigtaschen von russischen Verkäuferinnen, verständigt sich mit Händen und Füßen, um einen heißen Kaffee oder ein Brötchen auf sibirischem Boden zu ergattern und genießt die Einfachheit und diese spezielle russische Einsamkeit, auch wenn man im Zug kein bisschen einsam ist. Bett an Bett knubbeln sich hier neugierige Gäste, schlafen, lesen, spazieren durch die Gänge. Wenn man Glück hat, schnarchen die Nachbarn nicht. Aber selbst wenn, irgendwie gehört das doch alles ein bisschen dazu. Häufig kommen offizielle, aber auch inoffizielle Verkäufer durch die Waggons und bieten Ess- und Trinkbares an. Wer zum Einkaufen lieber aussteigt, sollte sich vorher erkundigen, wann der Zug weiterfährt. Gewartet wird nicht, Warnzeichen und Trillerpfeifen gibt es keine. Und wenn man auf die Uhr schaut, sollte man stets beachten, dass sich der Fahrplan der Transsib trotz der verschiedenen Zeitzonen immer nach Moskauer Zeit richtet. Die Schaffnerinnen und Schaffner haben das im Blick und können im besten Falle sogar ein wenig Deutsch oder Englisch.

Zug Nummer zwei namens „Rossia" verlässt meistens an den ungeraden, manchmal aber auch an geraden Tagen, um 13.50 Uhr den Jaroslawler Bahnhof, um nach sieben Tagen das Ende des asiatischen Kontinents zu erreichen. Der günstigere Zug verkehrt an den geraden Tagen ab Moskau um 00.35 Uhr. Wer dann noch nicht genug vom Zuglärm hat, kann ab Wladiwostok weiterreisen – mit der Chassan-Rajin-Bahn nach Nordkorea. Alternativ kann man mit der Transmongolischen Eisenbahn weiterfahren bis Peking oder die Baikal-Amur-Magistrale Richtung Pazifik – quer durch die Taiga und Tundragebiete Sibiriens. Im Winter muss man sich hier aber auf extreme Minusgrade einstellen.

Aus- und Umsteigen ist natürlich jedem Fahrgast selbst überlassen. Wichtig ist bei Grenzüberschreitungen immer, sich vorab rechtzeitig um ein Visum zu kümmern und Zeitpuffer einzubauen. Denn es kommt immer wieder mal zu Verspätungen, ganz so wie man es von der heimischen Bahn auch kennt. Und am Ende sind doch alle glücklich, dass es sie gibt – zwecks Landes- und Völkerkunde und um einfach mal die Seele baumeln zu lassen. Wer direkt im Zug Kontakt zu Einheimischen schließen möchte, muss nach dem Kartenspiel Durak Ausschau halten. Vielleicht darf man ja mal eine Runde mitspielen.

REISEPLANUNG

Für eine Reise mit der Transsibirischen Eisenbahn muss die Route vorher festgelegt werden, da alle Fahrkarten nur für den gebuchten Zug und Abfahrtstag gültig sind. Hinzu kommen Visa, Flüge vom Heimatort oder zurück und eventuell Unterkünfte bei Zwischenstopps. Am einfachsten ist es, sich einer Reiseagentur mit Erfahrung anzuvertrauen, die das Reisen mit der Transsib zu einer erholsamen und gut organisierten Fahrt macht: www.transsibirische-eisenbahn.de. Tickets und weitere Informationen gibt es auch unter www.lernidee.de und www.zarengold.de.

BESTE REISEZEIT

Ganzjährig. Im Winter ist es im Zug kalt und draußen liegt viel Schnee, im Sommer wird es heiß im Zug, und draußen ist mehr zu sehen.

PREISE

Die Fahrpreise sind staatlich festgelegt. Im Winter ab ca. € 500, im Sommer teurer. Je weiter östlich man die Tickets kauft, desto günstiger wird es.

54 Als Easy Rider on the Road

Bei einer Geschwindigkeit von sechzig Kilometern pro Stunde lässt der Wind das T-Shirt flattern und den Geruch von warmem Asphalt, Benzin und Gräsern in die Nase steigen. Das Knattern des Motors bringt sämtliche Muskeln zum Vibrieren und wenn man sich in die Kurve legt und den Ausblick genießt, spürt man die Leichtigkeit eines echten „Easy Riders".

Nachdem im Jahr 1975 der Vietnamkrieg beendet war, bewegte man sich im Land vor allem mit Motorradtaxis fort, um schnell und mit der Hilfe Ortskundiger an sein Ziel zu kommen.

Seit Anfang des Jahrhunderts wurde diese Art der Fortbewegung immer häufiger auch touristisch genutzt. Ihren Namen erhielten die Motorräder nach dem amerikanischen Roadmovie mit Dennis Hopper, Peter Fonda und Jack Nicholson aus dem Jahr 1969: Easy Rider. Inzwischen gibt es allein im vietnamesischen Dalat über einhundert Agenturen und ein Vielfaches an Tourangeboten. Lee von den Vietnam Easy Riders beschäftigt alleine dreißig Fahrer. Mit ihm und seinem Kollegen Chau sind unvergessliche Reise-Erlebnisse garantiert.

Ob als Selbstfahrer oder Mitfahrer - eine Tour mit den Easy Ridern ist vermutlich die schönste Art, Landeskunde in Vietnam zu betreiben. Sowohl Start als auch Ziel können frei gewählt werden. Die Easy Rider sammeln jeden Gast am gewünschten Ort ab und bringen ihn, wohin er will. Vom One-Way-Tagestrip vom Landesinneren über die Highlands hinweg bis an die Küste, bis hin zu kompletten Nord-Süd-Touren über mehrere Wochen ist alles möglich. Immer wieder kann man Stops einlegen, um mit seinem Guide eine Kaffeeplantage zu besichtigen oder an riesigen Reisfeldern mit den Einheimischen in Kontakt zu kommen. Lee und Chan von vietnameasyriders.com übersetzen, wo die Kommunikation mit Händen und Füßen doch mal stockt und bringen jeden Gast an die schönsten und geheimsten Plätze Vietnams. An sonst unentdeckten Flüssen legt man eine Pause ein, um sich mit Reisnudeln zu stärken, und die besten Hängematten-Cafés kennen die Easy Rider garantiert auch.

Für einen Tagestrip ab Dalat geht es nach einer kleinen Stadtführung in Richtung Ho Chi Minh Trail und Saigon. Wer gerne an die Küste möchte, lässt sich am besten Richtung Nha Trang bringen. Nördlich der Surferstadt gibt es eine recht verlassene Halbinsel, auf der sich das Jungle Beach Resort Vietnam befindet – ein perfekter Ort, um ein paar Tage am einsamen, weißen Sandstrand oder in der Hängematte seiner Bambushütte zu entspannen.

REISEPLANUNG

Buchen kann man die Easy Riders zum Beispiel in Dalat, Saigon, Nha Trang, Hoi An oder Hanoi. Ausflüge vom Mekong Delta bis nach Sapa. Es gibt kaum eine Strecke, die nicht fahrbar ist. Information und Buchung zum Beispiel bei den Agenturen www.vietnam-easyriders.com oder www.easy-riders.net.

BESTE REISEZEIT

Später Dezember bis August.

PREISE

Tagestrip je nach Anbieter ab ca. € 20 Euro rund um eine Stadt. One-Way-Trip bis 250 Kilometer ab ca. € 60 pro Tag, zum Teil inkl. Übernachtung in einfachen Unterkünften.

55 Staunen für Fortgeschrittene

Irgendwie kennt ihn jeder. Aber wirklich mal da zu sein und die Schiffe zu beobachten, wie sie dank der Kraft des Wassers sechsundzwanzig Meter hoch über den Meeresspiegel gehoben werden, das ist schon etwas Besonderes.

Den ersten Versuch, einen Wasserweg durch Panama anzulegen, unternahmen im Jahr 1880 die Franzosen. Allerdings wurden die Arbeiten neun Jahre später wieder gestoppt. Die Finanzierung war unmöglich geworden. Über zwanzigtausend Arbeiter starben in dieser Zeit:

Malaria und Gelbfieber, bei Unfällen. Erst als Panama im Jahr 1903 unabhängig wurde und das Projekt an die Vereinigten Staaten abgegeben wurde, wurden die Arbeiten fortgesetzt. Am 15. August 1914 wurde der Bau fertig gestellt. Während des Kanalbaus wurden über einhundertfünfzig Kubikmeter Erde bewegt. Auf einen Güterzug geladen, würde diese Menge viermal um die Erde reichen. Bis 1999 blieb die Verwaltung des Panamakanals in amerikanischer Hand. Mittlerweile gehört der fast zweiundachtzig Kilometer lange Kanal den Panamaern, die im Sommer 2014 stolz das 100jährige Jubiläum feierten.

Bisher können Ozeanriesen mit maximal viertausendsechshundert Containern an Bord, sogenannte Panamax-Schiffe, die Schleusen des Kanals zwischen dem atlantischen und dem pazifischen Ozean durchqueren. Die Schiffe werden zentimetergenau angehoben. Nötig sind dafür hunderttausende Liter Wasser, die aus dem Gatún-Stausee in die Kammern fließen. Dafür werden die sieben Stockwerke hohen Schleusentore innerhalb von Minuten geöffnet und die Kammern über unterirdische Tunnel geflutet. Die Durchquerung des Kanals ist zwar kostspielig, erspart aber drei Wochen Fahrzeit auf dem Seeweg und die gefährliche Umfahrung des Kap Horn.

Die Kammern des Panamakanals sind 33,50 Meter breit und 305 Meter lang. Das entspricht einer Fläche von vier Fußballfeldern. Die Schiffe, die hier passieren, dürfen maximal 294 Meter lang und 32,50 Meter breit sein. In diesem Fall bleiben also pro Seite fünfzig Zentimeter Platz. Damit die Schiffe vor allem in der Regenzeit und bei starkem Wind nicht mit der Kanalwand kollidieren, werden sie von mehreren unbemannten Zahnradbahnen mittels kräftiger Stahlseile in der Spur gehalten. Langweilig wird es hier nie: Am Panamakanal herrscht rund um die Uhr Hochbetrieb und täglich erscheinen Besucher aus aller Welt, um das Spektakel zu erleben. Wem ein Blick von der Aussichtsplattform zu wenig ist, der kann auch eine Fahrt auf einem der Besucherschiffe buchen.

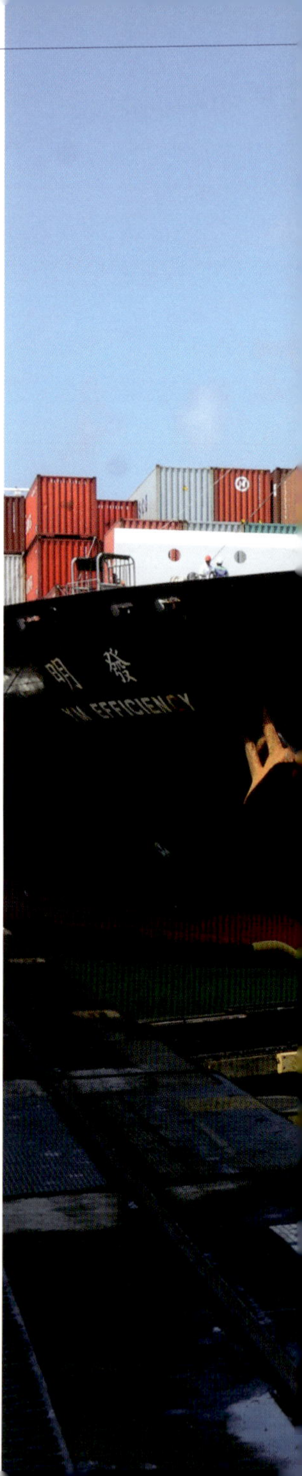

REISEPLANUNG

Besucher genießen die beste Aussicht auf den Kanalbetrieb von der Aussichtsplattform der Miraflores-Schleuse. Im dazu gehörigen Museum treffen sich Vergangenheit und Zukunft des Kanals: Neben der Präsentation der Baugeschichte stehen die Miniaturmodelle der neuen Schleusen, die Wasser sparen und gleichzeitig noch größeren Schiffen Durchfahrt gewähren sollen. Wissenswertes über den Panamakanal und die Schleusen, die esclusas de miraflores, findet man auf der offiziellen Homepage www.pancanal.com.

BESTE REISEZEIT

Die Temperaturen sind ganzjährig tropisch, von Dezember bis März fällt am wenigsten Regen.

PREISE

Eintritt ins Museum und auf die Aussichtsplattform um ca. € 10 für ausländische Gäste.
Schifffahrt an bestimmten Tagen ab ca. € 100. Taxifahrt von Panama City zu den Schleusen des Kanals je nach Verhandlungsgeschick € 4-10.

United States

6 Grenzen überschreiten: Abenteuer & Action

56 Dreckig, heiß, gefährlich: mein Tag als Stuntman

Uuuuund Action! Mit zerfetzter Hose, Schrammen im Gesicht und verbrannter Jacke könnte so ein Tag theoretisch enden, denn hier kommt man mit rasender Geschwindigkeit, Feuer und Prügelei in Berührung und springt aus einem Hochhausfenster in die Tiefe. Aber die Stuntcrew Babelsberg passt gut auf, dass den Bruce-Willis- und Jackie-Chan-Nachahmern nichts passiert. In der Filmbranche gehören Stunts zur Tagesordnung, viele Hollywood-Größen arbeiten mit Stuntleuten, lernen von ihnen oder haben eigene Stunt-Doubles. Die eigene Grenze zu testen, ist für sie Alltag. Warum also nicht mal Actionkino-Luft schnuppern? Und sich wie ein echter Film-Held fühlen? Jeder Mensch kann lernen, wie man ohne Blessuren durch Feuer läuft oder über ein Auto springt – ein bisschen zumindest.

In einem Stunt-Workshop wird es dreckig, laut und heiß. Aber Stuntman oder Stuntwoman zu sein, bedeutet nicht nur Action und Spaß. Wer diesen Job dauerhaft ausübt, muss sich mit harter Arbeit anfreunden und körperlich topfit sein. Starke Nerven und perfekte Köperbeherrschung sind unabdingbare Eigenschaften. Denn im Normalfall tut es ziemlich weh, eine Treppe hinunter zu fallen. Ein geübter Stuntman kann das schaffen, ohne einen einzigen blauen Flecken zu produzieren.

Ein Workshop-Tag beginnt auch in dieser Branche mit ein wenig Theorie, die aber keinesfalls langweilig daher kommt. Drehbuch-Konzeption, Kameratechnik und Visual Effects bilden Grundlagen. Dann wird es ernst und Waffen und Gegner, Autos und Feuer kommen zum Einsatz. Um herauszufinden, was die Männer und Frauen hinter den Stars bei Ihren waghalsigen Aktionen wirklich fühlen, geht eben nichts über den Selbstversuch. Wie fühlt sich eine Film-Prügelei an? Wieso können Kinohelden meterweit fliegen? Tut ein Sturz aus dem Hochhaus nicht weh? An einem offenen Fenster zu stehen, mehrere Meter über dem Erdboden, und nur eine überdimensional große Schaumstoffmatte auf dem Boden liegen zu sehen, diese Aussicht lädt im ersten Moment nicht unbedingt dazu ein, sich hinabzustürzen. Genau das kann ein Stuntman-Workshop bewirken: Beim Blick hinter die Kulissen lernt man nicht nur die Tricks der Action-Helden kennen. Vor allem begegnet man der eigenen Angst und kann lernen, sie zu überwinden. Dann fehlt nur noch ein kleiner Schritt, und man schafft im Fly-Rig eine Flugrolle à la Matrix.

Auch das Thema „Menschliche Fackel" ist in den Workshops beliebt: Dafür schlüpfen die Teilnehmer in einen Spezialanzug aus feuerfestem Glasfasermaterial. Overall, Handschuhe, Brandschutzhaube und Sturmmaske sowie hohe Lederstiefel schützen den Stuntman neunzig Sekunden lang vor Hitze von bis zu eintausend Grad Celsius. Wer den ersten Durchlauf ohne Feuer gut meistert, legt dann einen mit Molton bespannten Umhang, der mit Benzin begossen und angezündet wird, an. Es ertönt ein lautes „Brennt!" durch den Instruktor – das Startsignal für den Stuntman. Jetzt ist höchste Konzentration gefragt, denn der Teilnehmer muss eine vorher festgelegte Strecke laufen und wird erst an der Löschstation von der Stuntcrew gelöscht. Und wer weiß, vielleicht reicht das Talent ja sogar für einen echten Filmeinsatz.

REISEPLANUNG

Workshops bietet zum Beispiel die Stuntcrew Babelsberg an. Nahe der Filmstudios Potsdam/Babelsberg stehen an einem Workshop-Tag verschiedene Abseilübungen auf dem Programm, außerdem Sturz- & Falltraining, Bodystunts, Filmschlägerei, Stockkampf und verschiedene Auto- und Feuerstunts. Das Programm wird individuell nach eigenen Fähigkeiten zusammen gestellt. Zum Schluss gibt es einen Film mit den eigenen Stunts und ein Stuntman-Zertifikat. Infos unter www.stuntcrewbabelsberg.de.

BESTE REISEZEIT

April bis Oktober.

PREISE

Die Teilnahme an einem Workshop kostet ca. € 250 für einen Tag, ca. € 350 für ein Wochenende.

57 Eine Nacht im Schnee. Und vorher ein Iglu bauen

Ein Haus aus festem Niederschlag, das ist ein Iglu. Experten für den Bau von Iglus sind die Inuit und die Eskimos, die indigenen Völker Zentral- und Nordostkanadas, Grönlands und Alaskas. Bis in die 1950er Jahre dienten Iglus ihnen als Wohnräume und Schutz vor Schneestürmen. Heute braucht man sie noch für Jagdausflüge - und für Touristen mit Lust auf ein eiskaltes Abenteuer.

In Schweden bringen erfahrene Iglubauer Gästen bei, wie man die Schneeblöcke so geschickt aufeinander schichtet, dass sie auch wirklich zusammen halten. Gebaut wird ohne viele Hilfsmittel: Man braucht eine spezielle Schneesäge und eine Schaufel, dazu feste Handschuhe, und das ist schon alles. Wenn eine Mauer bricht, wird mit gepresstem Schnee „gespachtelt". Dann muss man nur noch all seine Kraft und die Hilfe der anderen vereinen und Stück für Stück stapeln, bis ein echtes, kleines Haus entsteht.

Wichtig für den Bau eines Iglus ist der richtige Schnee. Er muss kompakt und in Blöcke schneidbar sein. Dann zieht man mit einem Stock einen Kreis von mindestens zwei Meter Durchmesser – am besten an einem leichten Hang, weil das später für die Wärmeregulierung im Iglu hilfreich sein kann und den Transport der Blöcke zum Haus erleichtert. Schon in der unteren Reihe ist es wichtig, dass die Schneeblöcke leicht nach innen geneigt platziert liegen, damit sie sich gegenseitig stützen und das Haus am Ende nicht außen einbricht. Die Lücken werden mit Schnee gestopft und spätestens jetzt wird der Eingang gegraben – so niedrig wie möglich, um Wärmeverlust zu vermeiden.

Alternativ zum Block-Bau kann man auch Schneehaufen-Iglus bauen. Hierfür wird ein großer Luftballon aufgeblasen und um ihn herum Schnee mit einem Pistenfahrzeug angehäuft und mit einer Schneefräse auf den Ballon geworfen. Jetzt muss man nur noch den Innenraum

ausbauen, und schon ist das Haus fertig. Durch den menschlichen Atem der Bewohner und die dadurch entstehende Feuchtigkeit verfestigen sich die Eiskristalle übrigens, und das Iglu wird dadurch stabiler.

Wer sich für einen Baukurs entscheidet und vor allem die anschließende Nacht im selbst gebauten Iglu verbringen möchte, sollte nicht an gut gefüllten Thermoskannen sparen. Winterausrüstung und Schneeschuhe sind Pflicht. Damit die „Handwerker" zwischendurch Kraft tanken, bieten die meisten Agenturen einen warmen Snack an und versorgen die Gäste für die Nacht mit besonders dicken Schlafsäcken und Isomatten, die auch bei Minusgraden für angenehme Träume sorgen. Die Betten sind nämlich aus Schnee, und der ist bekanntlich weder warm noch besonders weich. Vor dem Erfrieren braucht man keine Angst zu haben, weil Schnee ein guter Wärmeisolator ist. Sogar bei Außentemperaturen von bis zu vierzig Grad unter Null können im Inneren eines Iglus noch Plus-Grade herrschen. Und wenn morgens der Kaffee dampft und das Licht der Morgensonne durch den Eingang den Tag ankündigt, genießt man jeden Moment doppelt!

REISEPLANUNG

Angebote für Iglu-Baukurse gibt es zum Beispiel in Deutschland, den Alpen und Skandinavien:
Im Bayerischen Wald rund um Wegscheid ab ca. € 90. Infos unter www.schneeschuh-tour.de,
im Allgäu ab ca. € 60, mit Übernachtung ab ca. € 140, Infos unter www.spirits-of-nature.de,
im österreichischen Tirol ab ca. € 70, Infos unter www.iglu-village.at,
in Schweden, Iglu-Baukurs inklusive Übernachtung und Verpflegung ab ca. € 315. Informationen und Buchung unter www.igloo-lapland.com.

BESTE REISEZEIT

Dezember bis April.

PREISE

Workshops in Deutschland ab € 9, Bau und Übernachtung ab € 139.
Übernachtung im Eishotel im Allgäu ab € 114, in Schweden ab € 137.

EINE NACHT IM EIS-HOTEL

Wer dem eigenen Bau für eine Übernachtung nicht traut, der kann in einem fertigen Iglu übernachten. Im schwedischen Jukkasjärvi gibt es zum Beispiel ein Ice-Hotel mit mehreren Eiszimmern. Allerdings gilt das Angebot nur von Mitte Dezember bis Mitte März. Danach schmilzt das Hotel vollständig in sich zusammen, läuft als Zufluss des Torne-Rivers förmlich davon und wird vor der neuen Saison neu erbaut - seit mittlerweile fünfundzwanzig Jahren immer wieder von vorne. Zum Aufwärmen gibt es im Nebengebäude aus Stein übrigens einen Kamin und eine Sauna. Gäste erhalten zur Erinnerung eine Urkunde für die tapfere Leistung. Ice-Hotel Jukkasjarvi:www.icehotel.com. Die Übernachtung kostet ab ca. € 137.

Und auch im Allgäu hat man inzwischen den Trend zum Eishotel erkannt: www.iglu-lodge.de, Übernachtung ab ca. € 114.

58 Angst ist zum Überwinden da: Willkommen im Grusellabyrinth

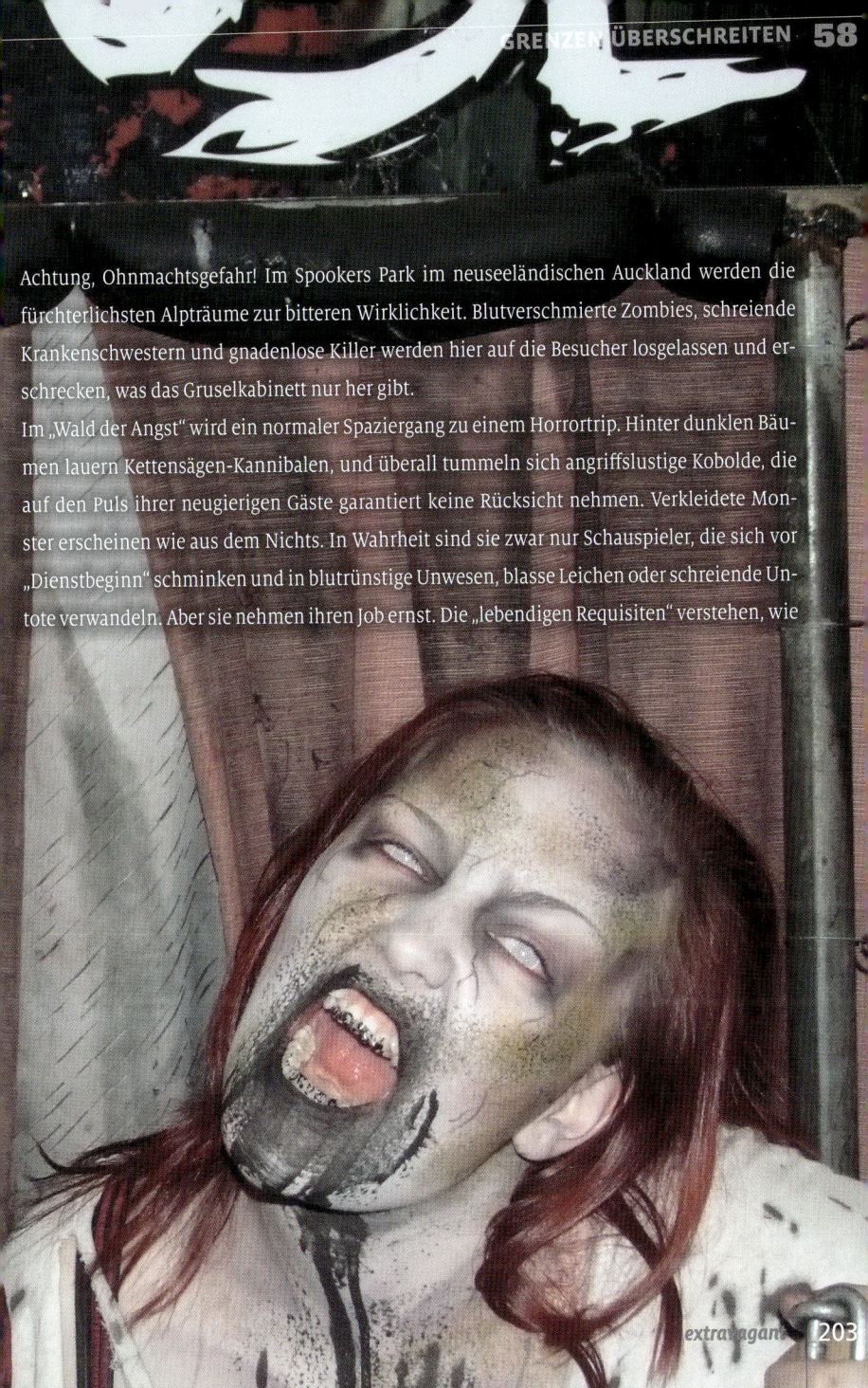

Achtung, Ohnmachtsgefahr! Im Spookers Park im neuseeländischen Auckland werden die fürchterlichsten Alpträume zur bitteren Wirklichkeit. Blutverschmierte Zombies, schreiende Krankenschwestern und gadenlose Killer werden hier auf die Besucher losgelassen und erschrecken, was das Gruselkabinett nur her gibt.

Im „Wald der Angst“ wird ein normaler Spaziergang zu einem Horrortrip. Hinter dunklen Bäumen lauern Kettensägen-Kannibalen, und überall tummeln sich angriffslustige Kobolde, die auf den Puls ihrer neugierigen Gäste garantiert keine Rücksicht nehmen. Verkleidete Monster erscheinen wie aus dem Nichts. In Wahrheit sind sie zwar nur Schauspieler, die sich vor „Dienstbeginn“ schminken und in blutrünstige Unwesen, blasse Leichen oder schreiende Untote verwandeln. Aber sie nehmen ihren Job ernst. Die „lebendigen Requisiten“ verstehen, wie

man anderen die Nackenhaare zu Berge stehen lässt. Hier kommt niemand ohne Adrenalinschub wieder heraus. Als Gast bahnt man sich also vorsichtig seinen Weg und hofft, den schlimmsten Schreckattacken der Spookers zu entkommen – meistens erfolglos. Nach rund zwanzig Minuten, die in der Hölle des Waldes wie eine Ewigkeit erscheinen, ist der Horror vorbei. Vorausgesetzt, man ist noch in der Lage, den Ausgang zu finden.

REISEPLANUNG

Was so unzivilisiert klingt, ist tatsächlich ein „ganz normaler" Freizeitpark, wo Erwachsene und Kinder gegen ihre Angst antreten können. Informationen unter www.spookers.co.nz.

BESTE REISEZEIT

Ganzjährig. Die Öffnungszeiten variieren nach Jahreszeit.

KOSTEN

Eintritt ab ca. € 15.

GRUSELN IM RUHRGEBIET

Auch Deutschland hat sein Grusellabyrinth. Im nordrhein-westfälischen Bottrop geht es auf dreitausend Quadratmetern um subtiles Grauen, fantastische Kulissen, faszinierende Charaktere und packende Fantasy-Stories. Deutschlands größtes Grusel-Labyrinth ist eine Mischung aus Schock- und Fantasiewelt mit interaktivem Theater, inszeniert wie ein spannendes Märchen im Stil von „Tim Burton“. Und trotz der einen oder anderen schaurigen Erfahrung werden die Gesichter am Ende doch alle strahlen, denn was könnte schöner sein als das große Gruseln zu überstehen und hinterher anderen stolz davon erzählen zu können? HaaahaaaHaaa!
www.grusellabyrinth.de

59 Trekking im Himalaya

Er ist und bleibt der Traum vieler Bergsteiger: der mit 8848 Meter höchste Berg der Welt, der Mount Everest im Himalaya-Gebirge. Benannt wurde er nach dem britischen Landvermesser Sir George Everest. Die Tibeter nennen ihn Chomolungma, „Mutter der Universums". Der Gipfel des Mount Everest markiert die Grenze zwischen Tibet und Nepal. Der auf nepalesischer Seite gelegene Sagarmatha-Nationalpark gehört seit 1979 zum Unesco-Weltnaturerbe. Der Mount Everest und die benachbarten Achttausender sind nicht nur Anziehungspunkt für Touristen, sondern auch Heimat für Schneeleoparden, Blauschafe, Yaks und vielleicht sogar den Yeti.

Bereits im frühen zwanzigsten Jahrhundert entwickelte sich der Mythos um den Mount Everest. Im Jahr 1924 erreichten die Engländer George Mallory und Andrew Irvine eine Höhe von 8500 Metern und kamen vermutlich beim Abstieg ums Leben. Es sollte fast zwanzig weitere Jahre dauern, bis am 29. Mai 1953 der Neuseeländer Edmund Hillary und Tenzing Norgay aus Nepal als erste Menschen ganz oben standen. Eine ähnliche Pionierleistung gelang nur noch Reinhold Messner und Peter Habeler, die im Mai 1978 den Gipfel als Erste ohne künstlichen Sauerstoff erreichten. Was noch vor wenigen Jahrzehnten nur Bergsteigern der absoluten Spitzenklasse vorbehalten war, wird heute von Spezialveranstaltern für nahezu jedermann angeboten. Für etwa dreißigtausend Euro kann jeder sich den Transport auf den Gipfel erkaufen. Oder es zumindest versuchen. Denn eine Erfolgsgarantie gibt es nicht. Die Natur macht dann doch gelegentlich einen Strich durch die Rechnung.

Um die großartige Gebirgslandschaft des Himalaya zu erleben, muss man nicht den Gipfel des Mount Everest erklimmen. Auch für gemäßigte Bergfreuden hat Nepal eine Menge zu bieten. Bis zum Everest Base Camp beispielsweise schafft es ein gesunder Mensch mit guter Kondition und bei entsprechender Akklimatisierung ohne Probleme. Der Weg dorthin bietet keinerlei technische Schwierigkeiten. Die richtige Ausrüstung, passende Kleidung und gutes Schuhwerk sind allerdings ein Muss. Denn auch wenn man tagsüber im T-Shirt wandert, werden die Nächte in der Regel kalt, und ein dicker Schlafsack tut in den unbeheizten Unterkünften gute Dienste. Mit schlechtem Wetter sollte man im Gebirge immer rechnen, und das kann

in den Höhen des Himalaya jederzeit Schnee und Sturm bedeuten. Eine weitere lohnende Tour ist die Umrundung des Annapurna-Massivs. Der Annapurna Circuit ist eine wunderschöne Rundwanderung, die landschaftlich, botanisch und kulturell sehr viel Abwechslung bietet. Die Wanderung führt durch alle Klimazonen Nepals, und der Charakter der Landschaft verändert sich ebenso wie die ständig wechselnden Blickwinkel auf die Schönheiten der Hochgebirgsnatur. Die grünen Schluchten der tief eingeschnittenen Flüsse Kali Gandaki und Marsyangdi beeindrucken genauso wie die gigantischen Achttausender Dhaulagiri, Manaslu und Annapurna. Die Routen bewegen sich in Höhen zwischen eintausend und fünfeinhalbtausend Meter, so dass eine ausreichende Akklimatisation zwingend ist.

REISEPLANUNG

Wer den Mount Everest aus der Nähe erleben möchte, sollte sich etwa drei Wochen Zeit nehmen. Spektakuläre Aussicht verspricht der Flug von Kathmandu in das Bergdorf Lukla auf zweitausendachthundert Meter Höhe. Allerdings gilt er als einer der gefährlichsten weltweit, deshalb fliegen die Piloten nur bei gutem Wetter. Ist die Sicht unzureichend, warten die Trekker am Flughafen in Kathmandu vergeblich. Schon aus diesem Grund sollte der Zeitplan nicht zu eng gesteckt sein.

Die beschriebenen Touren werden zum Beispiel von dem auf die Himalaya-Region spezialisierten Reiseveranstalter HFT Himalaya Fair Trekking angeboten. Kontakt über www.himalaya.de. Weitere Informationen über die Region: www.welcomenepal.com.

BESTE REISEZEIT

Mitte September bis Anfang Dezember und Mitte Februar bis Mitte Mai.

PREISE

Pauschale Trekking-Reise mit HFT-Reisen, zum Beispiel 16 Tage zum Annapurna Base Camp, Trekking-Tour mit Begleitung und inklusive Flug ab ca. € 2.200.

60 Tauchen mexikanisch: tief in der Höhle

Unterirdische Wasserhöhlen findet man in Mexiko wie Sand am Meer. Die Urlaubsregion Yucatan hat hunderte dieser Naturphänomene zu bieten. Auf der Landzunge knapp über dem Meeresspiegel sickert Grund- und Regenwasser durch die Karstfelsen und sammelt sich in heute ausgehöhlten Grotten. Freigelegt wurden einige dieser Cenoten, weil der untergrabene Deckel einfach irgendwann hinab fiel.

Das Wort „Cenotas“ stammt von den Mayas ab, die die Süßwassergrotten „tslomot“ nannten – die heiligen Quellen. Sie stellten sich die Grotten als Eingang zur Unterwelt vor, dem Zuhause des Regengottes Chac. Damals dienten die Höhlen in Trockenzeiten der Wasserversorgung, heute locken sie vor allem abenteuerlustige Touristen an. Vorsichtige schwimmen mit Schnorchel und Taucherbrille an der Oberfläche und genießen immer wieder mal den Ausblick nach oben. Mit dem richtigen Tauch-Equipment sind spannende unterirdische Entdeckungstouren machbar. Die Cenotas prahlen nur so mit Tunneln, Grotten und Klüften in den Karstfelsen, und das Wasser ist meist so kristallklar, dass man über mehrere Meter weit die skurrilen Skulpturen unter Wasser bestaunen kann. Glückserlebnisse für Taucher sind hier vorprogrammiert. „Warm“ anziehen sollte man sich dennoch: Denn auch wenn die mexikanische Sonne brennt und draußen tropische Temperaturen herrschen, wird das Wasser in den Höhlen kaum wärmer als fünfzehn Grad.

Die Auswahl an Wasserhöhlen ist groß, je nachdem in welcher Region man sich befindet. Weltweit bekannt sind zum Beispiel die Cenotas Dos Ojos („Zwei Augen“) an der Riviera Maya südlich von Playa del Carmen. Hier wurden auch Teile des Films „Amazing Caves“ gedreht. Das Licht der Sonne fällt aus zwei Richtungen ein und bildet ein unfassbar schönes Farbenspiel aus Sonne und Schatten unter Wasser. Auch sehr bekannt und gleichwohl für Schnorchler und Taucher geeignet sind die Gran Cenote und Cenote Tankah vor Tulum. Rund um die Casa Cenotes in dieser Gegend geht es etwas touristischer zu. Hier sind die Höhlen Teil eines Süßwasserflusses, der sich streckenweise unterirdisch seinen Weg Richtung Meer bahnt. Blickt man von oben in das Loch, ist es halb mit Wasser gefüllt und dunkel. Mit Schnorchel oder Tauchausrüstung öffnet sich plötzlich ein großes Unterwasserwohnzimmer aus Felsen und Mangrovenwurzeln, Tropfsteinsäulen und Kalkfelsen. Die Ausgänge werden durch einfallende Sonnenstrahlen ganz natürlich markiert. Ein besonders schönes Ambiente bietet die Cenote Azul bei Bacalar. Sie ist umgeben von Efeu, und die grünen Lianen hängen von der Karstwand in den achtzig Meter tiefen See hinab.

REISEPLANUNG

Einige der mexikanischen Cenotas liegen in Nationalparks, wo Besucher Eintritt zahlen müssen. Wer kein eigenes Equipment zum Tauchen besitzt, kann das gegen Gebühren ausleihen. Eine Übersicht über die Unterwasserhöhlen findet man auf den Webseiten www.yucatan.travel.inicio (hier gibt es eine Liste erschlossener Cenotas) oder www.visitmexico.com.

BESTE REISEZEIT

Ganzjährig mit Ausnahme der Hurricane-Saison im August und September

PREISE

Eintritt in Nationalparks ca. € 1 bis € 5 zuzüglich Leihgebühr für die Tauchausrüstung.

61 Tauchen karibisch: mit Hai, ohne Käfig

Kokospalmen, Korallen, kristallklares Wasser: Schon James Bond wusste die Schönheit der Bahamas zu schätzen. Als Inselstaat im Atlantik mit rund siebenhundert Inseln, von denen nur etwa dreißig bewohnt sind, erstrecken sich die Bahamas von der Südküste der USA bis vorbei an Kuba. Karibische Temperaturen machen den Aufenthalt dort das ganze Jahr über sehr angenehm. Eine Abkühlung verspricht ein Sprung ins Meer – den man aber gründlich vorbereiten sollte. Denn unter der Oberfläche lauern sie: hunderte Haie mit ihren stets offenen Augen und der dreieckigen Finne auf dem Rücken.

Ihren schlechten Ruf haben sie zu Unrecht, sagt Erich Ritter. Obwohl er selbst schon einmal von einem Hai in die Wade gebissen wurde, sind sie für ihn „friedliche und harmlose Meeresbewohner". Und er gibt ihnen sogar Namen: Smiley, Gothic Girl, Hook, Caribu, Lady, Tiny, Emma. Sie alle sind weder angriffslustig noch fressen sie Menschen.

Erich Ritter ist Verhaltensforscher und Tauchlehrer und lebt seit bald drei Jahrzehnten die meiste Zeit des Jahres auf den Bahamas. 1996 gründete er dort eine Haischule, in erster Linie, um die Tiere und ihr Leben zu studieren und um zu verstehen, wann und warum sie angreifen. In diesem Rahmen ermöglicht er auch anderen Interessierten, mit den Haien auf Tauchgang zu gehen. Nach einer ausgiebigen Schulung dürfen die Teilnehmer ohne Käfig und sonstigen Schutz mit ins Wasser. Auge um Auge. Zahn um Zahn.

Bei seinen Schulungen sei noch nie etwas passiert, sagt Erich Ritter, denn das korrekte Verhalten wird vorher gründlich eingeübt. Die größere Bedrohung sei ohnehin eher umgekehrt.

Denn jährlich werden Millionen Haie absichtlich oder als Beifang getötet, nicht zuletzt wegen ihrer Flossen und um als Fleischeinlage in Suppeneintöpfen zu landen.
Wer also den Nervenkitzel liebt und gerne nicht nur Strandleben genießen möchte, ist auf Grand Cay der Bahamas genau richtig. Bullenhaie, Zitronenhaie, Tigerhaie - so nah kommt man den Tieren sonst sicher nirgendwo. Die Haie gehören zu den Knorpelfischen und werden bis zu vierzehn Meter lang. Die größten Tiere sind Walhaie, die mehrere Tonnen wiegen und vor allem in tropischen und subtropischen Regionen leben, sich aber grundsätzlich in allen Weltmeeren aufhalten können. Der Name Hai leitet sich vom isländischen Begriff haki ab, was soviel wie Haken bedeutet und die Form der Hinterflosse bezeichnet.
Mit den Einnahmen aus Schulungen und Tauch-Workshops finanziert Erich Ritter seine zahlreichen Forschungsstationen, die von den Bahamas über Ägypten bis hin zu den Galapagosinseln reichen, um so den Ruf der Haie zu verbessern und in Zukunft vielleicht noch mehr Tiere vor einem grausamen Tod retten zu können. Von den weltweit fünfhundert Arten sind etwa einhundert bedroht. Rund fünfundzwanzig Arten leben rund um die Bahamas.

REISEPLANUNG

Um die Tiere unter Wasser zu erleben, kann man in der SharkSchool einen Grundkurs buchen und auf Schnorcheltour gehen. Für Tauchgänge mit den Haien ist das Grund-Brevet (Open Water oder Äquivalent) und Erfahrung von fünfzig Tauchgängen nötig. Informationen über die Haischule unter www.sharkschool.com, Buchung über www.wirodive.com.

BESTE REISEZEIT

Auf den Bahamas ganzjährig.

PREISE

Eine Woche Unterkunft mit Halbpension sowie Schulung inkl. Tauchgänge ab ca. € 1.500 bei eigener Anreise.

62 Tauchen jamaikanisch: ein Sprung, danach ein Cocktail

Ein Aufenthalt auf Jamaika kann wunderbar entspannt, aber auch verdammt aufregend sein. Während am Seven Mile Beach im Touristenort Negril die karibische Badewanne zum Schwimmen einlädt, finden um die Ecke echte Abenteuer statt. Rund um Rick´s Café, das idyllisch auf einer Felsenklippe liegt, versammeln sich jeden Nachmittag Einheimische und Urlauber, um die Sonne, das Meer und das gute Essen zu genießen. Einige von ihnen sonnen sich aber lieber in der Aufmerksamkeit der Zuschauer, trauen sich an den Klippenrand – und sind plötzlich verschwunden. Barfuß und in Badehose fallen sie nach dem Absprung mehrere Meter tief, vorbei an scharfkantigen Steinvorsprüngen und den Blicken der neugierigen Gäste. Die echten Freaks setzen auch gerne noch eins drauf: Neben der Klippe steht nämlich ein Baum. Dessen Äste wackeln zwar bedenklich unter dem Gewicht eines Springers, bieten aber ein hölzernes Sprungbrett, um die Klippe künstlich zu verlängern und noch riskantere Sprünge aufs nasse Parkett unten zu legen. Für Neulinge ist der Baum absolute Sperrzone, für erfahrene Springer das I-Tüpfelchen.

Gerne lässt sich der eine oder andere Springer für die kostbaren Flugsekunden minutenlang Zeit zur mentalen Vorbereitung, während die Reggae-Musik aus den Boxen des Cafés die Adrenalinschübe noch unterstützt und die Zuschauer begeistert das Spektakel bestaunen.

Die Ursprünge des High Diving liegen lange zurück. Um 1770 erlangte der hawaiianische König Kahekili Berühmtheit mit seinen Wassersprüngen, bei denen kaum Wasser aufspritzte. Anhänger folgten seinem Beispiel, um ihn zu ehren. Später geriet diese waghalsige Tradition etwas in Vergessenheit, bis sie rund zweihundert Jahre später wiederentdeckt und die erste Weltmeisterschaft auf Hawaii ausgetragen wurde. Seitdem finden jedes Jahr internationale Wettkämpfe im High Diving statt, und der Extremsport etablierte sich.

Je nach Sprung und Höhe erreichen Klippenspringer Geschwindigkeiten von bis zu einhundert Kilometer pro Stunde. Um dabei sicher zu landen, müssen sie körperlich und mental fit sein. Zunächst werden die Sprünge nur stückweise aus geringerer Höhe geübt und verinnerlicht. Später werden einzelne Elemente zusammen gesetzt und vom Sprungturm geübt, bevor es auf die Klippe geht. Von der karibischen Klippe bei Negril springen erfahrene Athleten, die häufig Kunst- oder Turmspringer sind. Aber auch immer mehr Hobbysportler und Abenteuerlustige sind dem Adrenalinkick erlegen – der eine extreme Herausforderung und sehr gefährlich ist.

REISEPLANUNG

Wer üben möchte, fängt unbedingt mit geringen Höhen an und tastet sich langsam an die normalen Sprungtürme im Schwimmbad heran. Klippen sollten vor dem Sprung unbedingt erkundet und auf Felsüberhänge kontrolliert werden. Auch das Wasser muss abgetaucht werden, um zu sehen, ob es tief genug und ohne Hindernisse ist. Informationen zur Klippe von Negril: www.visitjamaica.com oder www.rickscafejamaica.com.

BESTE REISEZEIT

Jamaika hat ganzjährig Saison, mit Ausnahme der Monate September bis November, in denen es häufig Regenfälle gibt und Hurricans nicht ausgeschlossen werden können. Hochsaison ist im Juli und August sowie von Ende Dezember bis Ostern.

PREISE

Auf die Klippe kommt man gratis, herunter kostet es hauptsächlich Überwindung! Mut Antrinken in Ricks Café ab € 5 für einen Rum-Cocktail.

63 Dünen, Robben und Skelette

Leer. Knochentrocken. Atemberaubend. Mitten im Nichts stolpert man durch aufgetürmte Sanddünen und über kahle Skelette. Nicht besonders einladend, könnte man meinen. Aber das Gegenteil ist der Fall. „Der Platz, wo nichts ist" – bedeutet übersetzt der Name der Skelettwüste Namibias. Und gerade das macht den Charme dieser spektakulären Landschaft aus. Sie beeindruckt mit einer Nord-Süd-Ausdehnung etwa zweitausend Kilometer entlang der westafrikanischen Küste. Im südlichen Teil lässt es sich im Nationalpark zwischen Dünen, Robben und Anglern beschaulich urlauben, im nördlichen Teil liegt die berühmt-berüchtigte

Skelettküste – ein sagen- und nicht selten nebelumwobener Ort, der definitiv einen Ausflug wert ist.

Die schlechte Sicht brachte einst viele Schiffe zum Kentern. Auch Wale konnten die starke Strömung des Benguelastroms nicht immer überwinden. Skelette, Schädelknochen und riesige Walrippen liegen wie stille Warnzeichen neben halb im Sand vergrabenen Schiffwracks. Auf den ersten Blick erscheint das zweifellos ein wenig unheimlich – auf den zweiten schon spannend. Bei Minusgraden in der Nacht und brütender Hitze am Tag herrschen hier Temperaturunterschiede von bis zu siebzig Grad binnen weniger Stunden. Wie soll hier auch ein Lebewesen ausharren? Und doch leben hier Tiere, und fühlen sich sogar wohl: Hyänen, Schakale, aber auch ein Käfer namens Nebeltrinker. Er macht auf den Dünen eine Art Kopfstand, sammelt mit dem Hinterteil das vom Atlantik als Nebel in die Wüste getragene Wasser, das auf seinem kleinen Körper kondensiert und nutzt dieses als Wasserquelle für sich. Daneben leben in der Namib Wüste tatsächlich Elefanten, die angepasst an das karge Leben zurechtkommen. Sie sind kleiner als andere Elefantenarten und besitzen größere Füße, um den Sand zu ver-

drängen. Etwa vier Tage lang kommen sie ohne Wasser aus, während sie siebzig Kilometer am Tag durch die Wüste trotten. (Zum Vergleich: Andere Elefanten brauchen täglich gut einhundertsechzig Liter Wasser und bewegen sich nur etwa zehn Kilometer.) Ebenso gibt es vor der Küste zahlreiche Fische, die menschliche Angler, aber auch Tausende Seelöwen an die südlichen Strandabschnitte locken. Wenn sie im Dezember zusammen mit ihrem Nachwuchs die Küste am Kreuzkap nördlich der Hentjesbucht pflastern, ist das Schauspiel perfekt.

Um die Skelettküste zu besuchen, gibt es zwei Möglichkeiten. Im Süden ist der Namib-Skeleton Coast National Park frei zugänglich bis Torra Bay und gilt als beliebtes Naherholungsgebiet. Der Weg in den Park ist mit Totenköpfen gekennzeichnet und nicht zu übersehen. Der Eingang befindet sich etwas nördlich von Meile 108 vor dem Ugab – dem Fluss, der nur zeitweise Wasser führt. Hier ist ein großer Canyon entstanden, der verschiedene Schichten aus Marmor, Dolomit und Schiefer freilegt. In der Nähe findet man sogar einen kleinen Wasserfall mitten in der Wüste. Schon bald hinter dem Eingang liegt eine

traumhaft schöne Dünenlandschaft. Ebenfalls erreichbar ist der Park über den Osteingang bei Springbokwater. Im nördlichen Teil des Parks dürfen nur zugelassene Reiseanbieter Touristen herumführen. Per Jeep oder aus einem Kleinflugzeug heraus kann man so die Skelettwüste kennenlernen.

REISEPLANUNG

In der Namib Wüste liegt der Hoanib, ein zeitweise wasserführender Fluss, dessen Tal als eines der letzten Siedlungsgebiete der Wüstenelefanten gilt. Der Veranstalter Wilderness Safaris bietet geführte Exkursionen an, um die Mondlandschaften der Hoanib-Region zu erkunden sowie die Tiere, die sich an das Leben in der Wüste angepasst haben. Höhepunkt ist ein Panoramaflug zur Möwe Bay mit anschließender Erkundung der Schiffswracks oder der Klein Oase. Übernachtet wird im Hoanib Skeleton Coast Camp (erst im August 2014 eröffnet), einem vorsichtig im fragilen Öko-System der Hoanib-Region errichteten Camp. Der Rundflug ist für alle Gäste inklusive, die drei oder mehr Nächte im Hoanib-Camp verbringen.
Informationen über die Namib Wüste und die gar nicht so gruselige Skelett Küste findet man unter www.namibia.de und www.afrika-reisefuehrer.de.

BESTE REISEZEIT

April bis Oktober.

PREISE

Exkursion in die Namib Wüste mit Wilderness Safari ab ca. € 410 pro Person. Einzelheiten unter www.wilderness-safaris.com.

64 Dschungel-Marathon am Amazonas

Vierzig Grad Lufttemperatur, neunundneunzig Prozent Luftfeuchtigkeit und einhundert Prozent Erlebnis! Wer eine echte Herausforderung sucht und den südamerikanischen Dschungel hautnah kennenlernen möchte, der findet beim Jungel Marathon im Norden Brasiliens Gelegenheit dazu. Auf jubelndes Publikum wird man hier zwar nur vereinzelt treffen, dafür aber auf Schlammlöcher, zahlreiche ungewöhnliche Pflanzen, die durchaus auch mal anhänglich oder messerscharf sein können, und auch gelegentliche Flussdurchquerungen sollte man souverän absolvieren. Schon in den Vorbereitungs-Camps wecken Brüllaffen die Gäste morgens aus dem Schlaf in der Hängematte. Schlangen, Spinnen und Caimane könnten jederzeit aus dem Wasser oder Gebüsch hervor kriechen, verschwinden aber meistens schnell wieder, wenn die Läufer kommen. Spätestens ab Einbruch der Dämmerung sollte man also genau kontrollieren, wo man seinen Fuß hinsetzt und was man anfasst. Vielleicht lebt es.

Marathonlaufen ist inzwischen fast ein Volkssport geworden. Sogar wenig trainierte Leute können die Strecke mit etwas Glück und einer großen Portion Willen schaffen. Beim Jungel Marathon im Amazonas sieht das anders aus. Ohne entsprechendes Training und mentale Vorbereitung geht hier gar nichts. Auf das Glück darf man sich unter den extremen klimatischen Bedingungen hier nicht verlassen. Die kürzeste der drei angebotenen Distanzen mit 42,195 Kilometer ist für Anfänger gedacht. Deutlich beliebter sind definitiv die 122 und die 254 Kilometer langen Strecken, bei denen es sieben Tage lang in Etappen und mit Eigenversorgung aus dem Rucksack mehr ums Durchkommen geht als um die Platzierung.

Start ist am Prainha Base Camp im brasilianischen Urwald. Man erreicht es per Bootsfahrt auf dem Rio Tapajós von Alter do Chao. Über einhundert Teilnehmer aus der ganzen Welt sind dabei. Was sind das für Menschen? Abenteuerlustige? Verrückte? Extremsportler?

Die meisten behaupten von sich, sie seien ganz normal. Vor allem aber sind sie mutig. Sie stellen sich der Natur des Urwalds und der körperlichen Herausforderung, die alles andere als alltäglich ist. Immer dabei: ein Rucksack mit dem vorgeschriebenen Equipment und die Wasserration, die bis zur nächsten Kontrollstelle reichen muss.

Ein Team aus Ärzten und medizinischen Helfern ist vor Ort. Oft haben sie viel zu tun. Schürfungen und Schnittwunden sind die harmlosesten Fälle. Schwächeanfälle kommen gelegentlich vor, aber zumeist sind es die Füße, die behandelt werden müssen. Sie sind nicht dafür geschaffen, stundenlang unter Belastung mit Nässe konfrontiert zu werden, und offene Blasen haben unter diesen Bedingungen keine Chance zu heilen.

Ziel der letzten Etappe ist der Ort Alter do Chao, und hier werden die Läufer dann auch endlich von jubelndem Publikum empfangen. Wer seine Finisher-Medaille um den Hals gehängt bekommt, darf stolz auf sich sein. Nicht ohne Grund wurde der Jungle Marathon vom amerikanischen Fernsehsender CNN zum härtesten Rennen der Welt gewählt.

REISEPLANUNG

Wer den Jungle Marathon Brazil laufen will, hat mehrere Strecken zur Auswahl. Die übliche Marathondistanz ist die kürzeste. Die längste Strecke fordert mit einer Etappe, auf der die Läufer auch bis in die Nacht unterwegs sind. Hier gibt es Sollzeiten für das Passieren der Kontrollstellen. Wer nicht rechtzeitig die Kontrollstelle im Dschungel verlassen hat, muss aus Sicherheitsgründen seine Hängematte im Camp installieren und darf erst bei Sonnenaufgang weiterlaufen. Information und Anmeldung unter www.junglemarathon.com und www.laufenderleben.de.

BESTE REISEZEIT

Der Jungle Marathon Brazil startet jedes Jahr in der ersten Oktober-Hälfte.

PREISE

Die Gebühr für Unterkunft, Verpflegung, Transfers, Betreuung und einige Extras kostet ca. € 2.300 bei eigener Anreise.

65 Mit dem Rad auf die Straße des Todes

Die Straße ist so schmal wie ein Auto. Und eigentlich ist sie auch gar keine Straße, sondern nur ein schmaler Weg. Links geht es steil hinauf, rechts winkt der Abgrund. Leitplanken und sonstige Absperrungen? Fehlanzeige! Man denkt, es geht nichts mehr – bis einem ein LKW entgegen kommt. Nervenkitzel pur! In der Region Yungas in Bolivien liegt der „Camino de la Muerte", die Straße des Todes. Mutige fahren sie mit dem Rad – bergab.

Steil ist gar kein Ausdruck für das, was sich einem hier eröffnet. Schon bei einem Blick in Richtung der Klippen kann man fast den Halt verlieren. Immer wieder stehen mit Moos bewachsene Kreuze, völlig verwittert und Angst einflößend, am Wegesrand. Schon beim Bau dieser Straße starben hunderte Menschen: paraguayische Kriegsgefangene, die in den 1930er Jahren den schmalen Weg in die Berge gehauen haben. Damals stritten sich Bolivien und Paraguay um die Region Gran Chaco. Paraguay bekam die Trockensavanne, Bolivien die Todesstraße. Nach der Fertigstellung stürzten viele Autofahrer in den Tod. Vor allem im Nebel

und bei Regen ist der Camino de la Muerte gefährlich, aber auch blendende Sonne und die Unmengen an Staub machen die Fahrt nicht einfacher. Heute noch lassen jedes Jahr mehrere Menschen ihr Leben, wenn auch immer weniger. Seitdem im Jahr 2006 eine asphaltierte Umgehungsstraße gebaut wurde, die vor allem für Busse und LKW gedacht ist, wird die Todesstraße fast nur noch von ansässigen Einheimischen und abenteuerlustigen Touristen genutzt. Wer hier unterwegs ist, sollte einige Regeln beachten. Für Autofahrer gilt, niemals Kupplung und Bremse gleichzeitig zu treten, immer mit Licht zu fahren und vor jeder Kurve zu hupen. Es herrscht Linkverkehr, damit der Abfahrende am Steuer auf der Innenseite ist und den Abhang genauestens im Auge hat. Der Entgegenkommende muss zurück setzen und Platz machen – soweit das geht. Wer zum Fotografieren und Staunen aussteigen will, was definitiv lohnenswert ist, muss aufpassen. Ein falscher Fußtritt, und man segelt ins Tal. Was wie ein Busch auf dem Weg erscheint, könnte auch die Baumkrone der tieferen Etage sein.

Touristen können die Strecke auch mit dem Moutainbike zurück legen. Von der Hauptstadt La Paz, der höchst gelegenen Millionenstadt der Welt auf viertausendeinhundert Meter, geht es dafür erst mit einem Transporter und den aufgeladenen Rädern über den noch einmal fünfhundert Meter höher gelegenen La-Cumbre-Pass nach Coroico. Hier sollte man schwindelfrei sein, sich warm anziehen und möglichst schon an die Höhe und die dünne Luft akklimatisiert sein. Kopf und Körper leiden oft schon, bevor das Abenteuer überhaupt beginnt. Und Konzentrationsprobleme kann man bei dieser Abfahrt wirklich nicht gebrauchen. In Coroico steigt man um aufs Rad, und dann geht es los, steil bergab zurück auf eintausendzweihundert Meter. Mit einer gemächlichen Geschwindigkeit von etwa fünfzehn Kilometern pro Stunde schraubt man sich erst auf der rechten Spur mit einem deutlich erhöhten Puls den anfangs noch asphaltierten Weg hinab. Nach etwa einer Stunde gelangt man zum Dorf Unduavi, wo man den wahren Todesabschnitt erreicht. Ab hier fährt man auf einer Schotterpiste, die Hände klammern sich an die Bremsen, der Nacken ist stocksteif, und die Augen sind starr nach vorne gerichtet. Mit jedem Kilometer abwärts steigen Sicherheit und Temperatur. Und zwischendurch schafft man es vielleicht sogar ein wenig, den Ausblick zu genießen, denn das

lohnt sich hier wahrhaftig. Nach etwa fünf Stunden, vorbei an Wasserfällen, Regenwäldern und Steilwänden aus Urgestein, ist es dann geschafft: die Ankunft in Yolosa oder wahlweise Corioco. Die Muskeln entspannen sich langsam, der Puls sinkt. Die Erinnerung an ein unvergessliches Abenteuer jedoch, die bleibt.

REISEPLANUNG

Für eine Radtour entlang der Death Road in Bolivien sollte man körperlich und mental unbedingt fit sein und sich unbedingt einer geführten Tour anschließen. Buchung zum Beispiel über www.bikingbolivia.com oder www.incalandtours.com. Allgemeine Reise-Informationen zu Bolivien findet man unter www.boliviatravel.com.

BESTE REISEZEIT

In der Trockenzeit von Mai bis Oktober und nur bei gutem Wetter.

PREISE

In Unduavi kauft man ein Ticket für die Death Road für ca. € 3. Geführter Radausflug ab ca. € 60.

66 Der Traum der Träume: ein Flug ins All

Für die meisten Weltraum-Fans wird er schon aus Kostengründen ein Traum bleiben, der Flug ins All. Wer das nötige Kleingeld mitbringt, für den ist ein echter Weltraum-Trip im 21. Jahrhundert möglich. Verschiedene Space-Adventure-Agenturen bieten Flüge in den Erdorbit an. Ab etwa 180.000 Euro ist man dabei und rund zweieinhalb Stunden unterwegs. Den Tages-

preis einer solchen Reise sollte man also besser nicht hochrechnen – unter Garantie wird man diese zweieinhalb Stunden seines Lebens nie wieder vergessen. Gute Vorbereitung macht daher Sinn.

Beim Start wird man fest in die Sitze gepresst und kräftig durchgeschüttelt. Auch Lärm sollte man aushalten können. Nach etwa fünfundvierzig Minuten hat das Spaceshuttle eine Höhe von fünfzehn Kilometern erreicht und ist damit rund fünf Kilometer höher unterwegs als ein normales Flugzeug. Dort entkoppelt die Rakete, und während das Trägerflugzeug wieder zur Erde zurückfliegt, macht das Spaceship einen sogenannten Air Launch, startet also in der Luft nochmals und fliegt innerhalb von neunzig Sekunden mit mehrfacher Schallgeschwindigkeit auf einhundertzehn Kilometer Höhe. Im All dürfen die Passagiere ganze fünf Minuten Schwerelosigkeit „genießen", dazu einen im wahrsten Sinne des Wortes unbeschreiblichen Ausblick. Und schon gleitet das Shuttle zur Erde zurück.

Schwerelosigkeit ist nicht ohne: Vor einem Flug ins All sollte man unbedingt testen, ob man sie aushalten kann, oder ob man vor lauter Schwindel und Übelkeit weder die Aussicht noch das Gefühl genießen kann. Trainings dafür kann man im Kennedy Space Center und in Russland im Juri-Gagarin-Kosmonautentrainingszentrum in der Nähe von Moskau machen.

Auch Flüge zur Raumstation ISS sind inzwischen möglich, allerdings liegen die Kosten dafür im zweistelligen Millionenbereich. Der erste Weltraumtourist wagte das Abenteuer im Jahr 2001 und kam unbeschadet zurück.

REISEPLANUNG

Noch steckt der Weltraumtourismus in den Anfängen, doch man darf gespannt sein, welche Möglichkeiten die Weiterentwicklung in den nächsten Jahren bringen wird. Das Projekt für ein Weltraumhotel wurde jedenfalls erst einmal wieder auf Eis gelegt: Die Nachfrage reichte (noch) nicht. Angebote für Weltraumreisen findet man bei der deutschen Agentur www.designreisen.de, unter www.spaceadventures.com und unter www.virgingalactic.com.

BESTE REISEZEIT

Immer

KOSTEN

Ab ca. € 180.000.

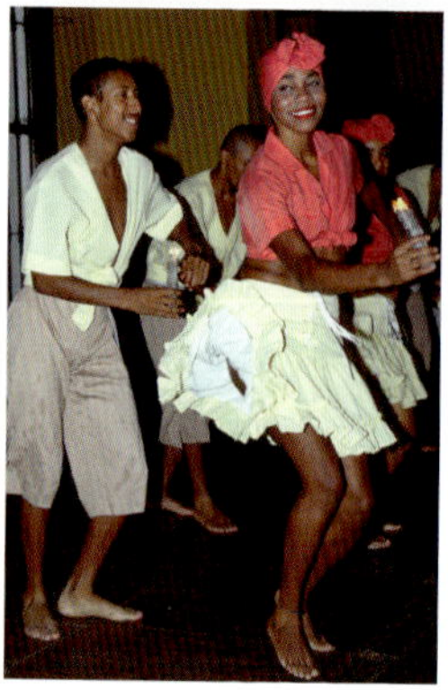

Coverfoto: Staniel Cay Yacht Club
Acosta, Marión: S. 126/127, 128
Albers, Andrés/Wild Chile: S 49, 50, 51, 52, 53
ARGE Deutsche Donau: S. 21, 23
Arizona Office of Tourism: S. 12, 114/115, 116/117
Asia Sports Ventures: 118/119, 120/121
Autoridad del Canal de Panamá: S 162/163, 188/189, 190/191
Bolivia Turismo/Embajada de Bolivia: S. 42, 43, 44, 228/229, 230, 231
Brandstötter, Hardy: 102, 103, 104
Canadian Tourism Commission: 74, 75
Design Reisen: S. 232/233, 234/235
Edirne Culture and Tourism Directorate: S. 140, 141
Endangered Asian Species Trust: S. 71, 72
Evans, Olwen/Wilderness Safaris: S. 221, 222/223, 224
Festival Cerises: S. 132/133, 134/135
Gasteinertal Tourismus GmbH: S. 179
Geisler, Hans-Jürgen, S. 68/69, 70
Gerber, Adrian/WHDF: S. 220
Gerstein, Thomas: S. 185
Grusellabyrinth NRW: S. 204/205
Gunnarsson, Vilhelm/Inside the Volcano: S. 31
Hawaii Tourism Authority: S. 125
Haake, Henning/The Horizon Is Our Home: S. 122/123, 147
Hessing, Christian: S. 92, 93, 94, 95
Hoffmann, Harald/DASA Arbeitswelt Ausstellung: S. 171, 173, 174
Holba, Emile: S. 130/131
Horn, Anita: S. 4/5, 32, 33, 34/35, 50/51, 52, 56, 57, 73, 112, 113, 186/187
Jahnke, Jörg/Wattolümpiade: S. 90, 91
Jamaica Tourist Board: S. 11, 219
Japanische Fremdenverkehrszentrale: S. 150
Jenman African Safaris: S. 36, 37/38
Jordan Tourism Board: S. 40/41
Jungle Marathon: S. 225, 227
Kennedy Space Center Visitor Complex: S. 170, 172, 175, 192/193
Kerala Tourism: S. 154, 155, 156, 157
Kirschbaum, Elisabeth: S. 28, 29
Krebs, Oliver: S. 82/83
Kregovski, Rainer: S. 101
Kröher, Harald/Reptilium Landau: 58, 59, 60, 61
Kulturinsel Einsiedel: S. 17
Lederer, Martin/Stunt Crew Babelsberg GmbH: S. 194, 196/197
Linder, Stefanie/WHDF: S. 218
Lippe, Nadine: S. 164, 165
Long Thien, Lee: S. 185
Lozza, Hans/Schweizerischer Nationalpark: S. 24, 25, 26, 27
Mensing, Roman: S. 143, 144
monte mare Unternehmensgruppe: S. 158, 160/161
Müller, Jürgen/Andino Tours: S. 151, 152, 153
Natur- und Geopark Vulkaneifel: S. 4, 19
Nicolini, Paul/ Himalaya Fair Trekking: S. 10/11, 206/207, 208/209
Ortiz, Hugo: S. 4, 45
Palau Visitors Authority: S. 107, 109
Pelzler, Albert: S. 178
Pham Huu, Duc: S. 184
Prom Peru: S. 8, 153
Rhein Energie AG: S. 177
Rosing-Asvid, Aqqa/Visit Greenland: S. 76/77, 78
Royal Hawaiian Center: S. 124
Salzer, Jörg/Miti Miwiri Hotel: 46/47
Sam´s Tours Palau c/o Tourism Unlimited: S. 108
Schenk, Tilman: S. 239
Schmid, Gregor M./Lernidee Erlebnisreisen: S. 180, 181, 182/183
Secretaría de Fomento Turístico Sefotur Mexiko: S. 210, 212/213
Sherwood Forest Golf Course Brevard NC: S. 110, 111
Sigurdsson, Ragnar Th./Promote Iceland: S. 14/15, 30/31
Smedsén, Martin/ Icehotel: S. 198/199, 200/201
Spirit Of Nature: S. 199
Splashdiving: S. 88, 89
Spookers Haunted Attraction Theme Park: S. 10, 202/203
Sport Eder & Berger: S. 201
Stambke, Sabine/Amazing China: S. 145, 146/147
Stadt Köln Amt für Brücken und Stadtbahnbau: S. 176/177
Staniel Cay Yacht Club: S. 6, 79, 80/81
Tamarindo Explorer: S. 54/55, 84, 85
Tokyo Convention & Visitors Bureau TCVB: S. 148
Travel2Mozambique: S. 48
ttz Bremerhaven: S. 9, 166/167, 168, 169
Turismo de Santiago: 136/137, 138/139
Turisthus Nord: S. 100
Van Dierendonck, Bernard/Fun-Care AG: S. 86/87, 96, 97, 98/99
Volovik, Juliana: S. 66/67
Wadi Adventure: S. 7, 105, 106
Waimarino Adventure Park: S. 62/63
Waimoto Glowworm Caves: S. 64
Waldseilgarten Höllschlucht: S. 2, 16
Weiss, Dominik: S. 22
Wickham, Craig/Exceptional Kangaroo Island: S. 65, 66, 67
Wipernig, Robert/Wiro Dive/Shark School: S. 11, 214/215, 216, 217

Anita Horn
Happy Trips
Reisen, die glücklich machen

Text: Anita Horn
Konzept & Lektorat: Simone Kaczerowski
Cover, Layout & Satz: Peter Liffers, Dortmund
Druck: Alfaprint, Martin, Slowakei

Liebe Bücherfreunde,
wir möchten schöne, gründlich recherchierte und gut geschriebene Bücher machen, die Spaß machen und praktischen Nutzen haben. Trotz aller Sorgfalt können sich manchmal Fehler einschleichen oder ändern sich Eintrittspreise und -zeiten schneller als wir reagieren können. Alle Angaben erfolgen daher ohne Gewähr; Autorin und Verlag übernehmen keine Haftung für inhaltliche Fehler. Aktualisierungen berücksichtigen wir aber gerne in der nächsten Auflage und freuen uns daher über entsprechende Hinweise.

Stand: Oktober 2014
E-Mail: info@booksandfriends.de
Internet: www.booksandfriends.de

2. Auflage März 2015
ISBN 978-3-9815335-9-0

Anita Horn, Jahrgang 1982, studierte Geografie und Sozialpsychologie, Politik und Spanisch und arbeitet als Reporterin unter anderem für den WDR, DRadioWissen, sportschau.de und das Triathlon Magazin.
Für Ihre Beiträge fliegt sie an jeden Ort der Welt – je ausgefallener das Thema, desto besser. Wenn sie nicht unterwegs ist, lebt sie in Köln und probiert gerne jeden Sport und jeden Event, der ihr vor die Nase fällt, aus. Ihre Reiseerlebnisse schildert sie sehr anschaulich auf ihrem Blog www.ahornzeit.de.